藏在书包里的
极简中国历史故事

晴晨图书编写组——编

吉林文史出版社
JILINWENSHICHUBANSHE

图书在版编目（CIP）数据

藏在书包里的极简中国历史故事/晴晨图书编写组

编．-- 长春：吉林文史出版社，2020.1

ISBN 978-7-5472-6244-3

Ⅰ．①藏… Ⅱ．①晴… Ⅲ．①中国历史－少儿读物

Ⅳ．① K209

中国版本图书馆 CIP 数据核字 (2019) 第 117118 号

藏在书包里的**极简中国历史故事**

主　　编／晴晨图书编写组

责任编辑／孙建军　董芳

出版发行／吉林文史出版社有限责任公司（长春市人民大街 4646 号）

网　　址／www.jlws.com.cn

版式设计／晴晨时代

印　　刷／晟德（天津）印刷有限公司

版　　次／2020 年 1 月第 1 版　　2020 年 1 月第 1 次印刷

开　　本／880mm × 1230mm　1/32

字　　数／138 千字

印　　张／11

书　　号／ISBN 978-7-5472-6244-3

定　　价／58.00 元

版权所有　侵权必究

前言 Foreword

　　中华文明经历五千年悠悠岁月，留下了绵延不绝的故事，成就了一篇篇动人的故事和英雄赞歌。中国历史是一首顽强抗争的劳动人民的赞歌，一首慷慨激昂、惩恶扬善的浩然正气之歌。五千年的沧桑巨变，五千年的兴衰成败，浩瀚的历史都浓缩在一个个荡气回肠的故事里。泱泱五千年，弹指一挥间：夏商西周、春秋战国、秦皇汉武、三国两晋南北朝、隋唐盛世、五代十国、宋辽夏金、元明清——中华文明辉煌而灿烂。这些历史故事是我们民族宝贵的精神财富，也是今天孩子们未来成长路上的精神坐标。

　　"读史以明鉴，察古以知今。"作为中国人，我们只有全面了解民族的历史，才能更好地把握今天，创造明天。为了让读者们熟悉我国历史上那些可歌可泣的历史故事，我们精心编写了这本《藏在书包里的极简中国历史故事》。故事从盘古开天辟地的传说开始，将中华五千年历史故事精粹展现。这里不乏帝王霸业的丰功伟绩，也不乏血雨腥风的残酷烙印，更有可歌可泣的历史人物创造的辉煌成果。我们配以精美的图片展现中国上下五千年的恢宏浩大和神奇梦幻场景，让我们带你沿着历史发展的轨迹穿越时空，一起去重温令人惊心动魄的历史时刻。

前言 Foreword

本书以时间发展为纲，以历史重大事件为轴，采用图文并茂的形式，解说中国历史上跌宕起伏的历史故事，感人至深的人物事迹，显示光彩夺目的文化成就。本书编排科学，内容丰富，大大增强了本书的可读性和趣味性，从而使读者们更直观、更深入地了解历史，获得知识。

目录 Content

藏在书包里的极简中国历史故事

目录 Content

藏在书包里的极简中国历史故事

目录 Content

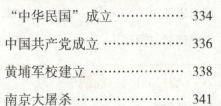

藏在书包里的极简中国历史故事

远古时期

五帝世系图

帝王	帝王简史
黄帝	约公元前 2717 年—公元前 2599 年
颛顼	约公元前 2514 年—公元前 2437 年
帝喾	约公元前 2480 年—约公元前 2345 年
尧	约公元前 2408 年—公元前 2290 年
舜	约公元前（不详）—公元前 2037 年

　　人类的起源地中包含有中国，中国经历很长时间的进化之后，出现了原始人、氏族部落，如元谋人、蓝田人、北京人、山顶洞人和半坡人等，还出现了原始人群、母系社会和父系社会这几个时期。

　　在中国原始社会，大概从170万年前的元谋人到公元前2070年夏朝这段时间里，出现了原始人群与氏族公社。母系氏族公社与父系氏族公社是氏族公社的组成部分。原始人阶段中包括云南元谋人、陕西蓝田人（距今大概80万年）与北京人（距今大概70万年~20万年）。

　　北京人可以生产并且会用简易的劳动器具，会用火，以采摘与打猎来解决温饱问题，原始社会是很早之前的社会。

　　当时生产力水平非常低，人们共同劳动与生活，一起分享得到的生活资源，这些都是原始社会的基本特征。每个人的地位都是一样的，没有阶级、剥削与压迫。原始社会的发展过程非常慢，特点不难看出。

　　这个时期文字还没出现，因此关于远古时代的发展过程是当代人根据出土的文物来推测的。

盘古开天辟地

　　神话这种故事只能听听，如今没有人会把开天辟地的事情当真。可是人们对这个神话很感兴趣，说到历史，经常以"盘古开天地"作为开头，原因是它代表着人类克服自然的魄力勇气与创造力。

　　那么人类的祖先是从什么地方来的呢？很久以前有一个盘古开天辟地的传说，内容是在开辟天地前，宇宙只是一团气，它的内部是黑色的，而且很安静。就在这时，盘古氏出现了，他拿一把大斧头将这团气给劈开了。清的那部分气向上飘，形成了天；浊的那部分气向下降，形成了地。

　　从此之后，每日天都长高一丈，每日地也变厚一丈，盘古氏每日自己也长高一丈。就这样经历了一万八千年之后，天非常高，地非常厚，盘古氏自然变成了一个巨人。之后，盘古氏去世了，他身体的各个部分化成了太阳、月亮、星星、高山、河流、草木等。人类的历史到底该从何说起呢？从那些被人们发现的化石来看，人类原始的祖先是古猿进化成的猿人。

　　中国从事科学的工作者们发现了很多猿人的遗骨与留下的化石，从中可以看出中国最早的原始人出现在一百多万年前的云南，发掘的元谋猿人距今已有一百七十万年的时间，陕西出土的蓝田猿人距今已有八十万年的时间，就连北京猿人距今也有四五十万年的时间。

　　在这儿，我们用北京猿人作为开头。北京猿人的生活地点在周口店附近，那时，中国北部的天气很暖和、湿润。周口店的山上和山下，有树林、灌木丛与茂盛的杂草。在树林和山野中有很多像虎、豹、狼、熊等猛兽出没。当然，在那里还生活着其他的动物。

　　猿人的力量没有那些凶猛的野兽大，可是他们与别的动物的本质区别在于，猿人可以自己打造并且使用器具。工具非常简易，其中一个是木棒，还有一个是石头。森林中有非常多的木棒，可是它是被人砍削的；石头是靠人把它砸过的，尽管不是那么精致，可是这都是人打造出来的。

　　他们通过这种简易的方式来获取日常生活的食物。他们使用木棒、石头对抗森林里的野兽，得到食物。

　　可是，这种工具太简单了，他们可以获得的食物很少，

○古代原始人类

只靠一个人的努力是没办法存活的，所以他们开始了集体生活，一起劳作，一起来对抗那些猛兽。这些人被叫作原始人群。

猿人在几十万年的时间里得到了进化。已大大进化了的原始人的遗迹在北京周口店龙骨山的山顶洞穴里被发现。这种原始人的长相与我们当代人很像，我们把他们称为"山顶洞人"。

他们的劳作工具有了非常大的进步，他们不仅可以将石头加工成石斧、石锤，还可以将野兽的骨头加工成骨针等。虽然这只是一枚很小的骨针，但是在当时，人们可以制成骨针不是一件容易的事情。他们有了骨针，能将兽皮制成衣物，与北京猿人时期什么都不穿不同。山顶洞人也是集体生活，可是他们的集体生活通过血缘关系确定下来。一起生活的人都具有相同的祖先，是一个氏族的人。就这样，它是人类氏族公社时期的开端。

历史聚焦 LISHI JUJIAO

晚期智人是中国华北地区旧石器时代晚期的人类化石，由于它们在北京市周口店龙骨山北京人遗址顶部的山顶洞被发掘而得名。1930 年被发现，中国地质调查所新生代研究室裴文中在 1933—1934 年主持发掘。和人类化石一起，还发现了石器、骨角器和穿孔的物品，而且还发现了中国历史上最早的墓穴，距现在至少有一万九千年的历史了。

三皇五帝

人们发现，鸟儿在树上筑窝，野兽爬不上去，不能伤害它们。于是，原始人就学着鸟儿的样子，"构木为巢"，在树上搭窝，把房子建在了树上。从此，人们住在树上安全多了。

很久以前人类过着原始的生活，以狩猎为生，生吞活剥，生命常常受到凶猛野兽的威胁。为了生存，人类在漫长的岁月里，不断地与天斗、与地斗、与熊罴虎豹斗。聪明的人类逐渐地认识了自然，掌握了生存的本领，不断地有所发现，有所发明，有所创造，从而推动人类从原始人群向氏族公社发展。

在这漫长的发展过程中，"四氏"——就是我们常说的三皇五帝相继应运而生。关于三皇，有不同的说法。《史记·秦始皇本纪》记载，公元前221年（秦始皇二十六年），丞相李斯说古代有三皇，是天皇、地皇、泰皇，其中泰皇最尊贵。

最有影响的说法是伏羲、神农、黄帝，他们是

◎ 伏羲

中国最早的三位部落首领。

人类区别于其他动物的根本标志，是能够制造和使用工具。

原始人的工具十分简单，起初主要是木棒和石头。最初，原始人什么东西都生吃——生吃植物的果实，生吃兽肉。看到火山爆发，打雷闪电引起林木起火，十分害怕。当大火熄灭，人们渐渐地学会了用火烧东西吃，并且想办法把火种保存下来，使它长久不灭。由于食物结构的改变，人类的体质增强了，对自然界的适应能力、生存能力也大大提高了，人类进化的脚步加快了。

人类进入了渔猎畜牧生活阶段。人们打猎捕捉来的猎物很多是活的，吃不了时，就把活着的猎物留下来喂养，渐渐地又学会了驯养，于是有了畜牧业。现今的许多家畜、家禽，就是我们人类的祖先通过长期筛选由野生动物驯化而繁衍下来的。传说结网、打猎、饲养这些技术都是由"伏羲氏"传授给大家的。

这种渔猎的生活方式不知又过了多少年，人类的文明又产生了一次飞跃，这就是有了农业。

起初，有个叫"神农氏"的人，在春天偶然将一把成熟的野谷子撒在地上，不久，地上长出了小苗，到了秋天，又长成了更多的谷子。于是，他就大量地种植谷子。他组织大家开荒种地，还用木头制造一种带把儿的木锹——耒耜，用来翻地，种植五谷。随着逐年不断地扩大开荒种植，收获年

年增多，人们再也不必为吃饭而担忧了。

五帝之首是黄帝，黄帝族原先居住在西北方，黄帝姓姬，号轩辕氏，又号有熊氏。古书中有关黄帝的传说特别多，如用玉（坚石）做兵器，造舟车弓矢，染五色衣裳，黄帝正妻嫘祖养蚕，仓颉造文字，大挠做干支，伶伦制乐器。黄帝部落曾与炎帝部落发生过部落战争。

炎帝族居住在中部地区。炎帝姓姜，神话里说他牛头人身，大概是以牛为图腾的氏族。据说姜姓是西戎族的一支，游牧辗转先入中部，与九黎部落长期冲突。最后被迫逃避到涿鹿，得到黄帝的援助，涿鹿大战，攻杀蚩尤。

后来，炎、黄两族在阪泉（据说，阪泉在河北怀来县）发生了三次大冲突，黄帝族统率以熊、罴、貔、貅、虎为图腾的各族打败炎帝族，黄帝族势力进入中部地区。

炎帝神农氏遗址

相传颛顼是黄帝族的儿子昌意的后代(《山海经》《国语·楚语》有此说），居帝丘（河南濮阳县），号高阳氏。颛顼禁绝巫教，逼令顺从黄帝族的教化。当时南方苗族又逐渐向北发展，自颛顼到禹，传说中常见苗族、黎族与黄帝族的冲突。

帝喾相传是黄帝族玄嚣的后裔，居西亳（今河南偃师县），号高辛氏。唐尧相传是帝喾的儿子，距黄帝五世。舜是颛顼的六世孙，禹是颛顼的七世孙。传说中，尧号陶唐氏，都平阳（山西临汾县），居住在西方。

虞舜号有虞氏。《孟子·离娄篇》上说舜、鲧、禹他们原来都是部落酋长，后来被推选为部落联盟的大酋长。大酋长有权祭天、巡狩、处罚有罪的酋长，率众攻击敌对的部落。

黄帝、颛顼、帝喾、唐尧、虞舜并称五帝。五帝时期，中国社会已由母系氏族社会进入父系氏族社会，部落间的争战反映了这一时期氏族社会已开始解体了。

历史聚焦 LISHI JUJIAO

神农氏尝过百草，发现了草药和种植粮食。为了选育新的品种，为人们提供更多可以食用的谷物、果实，神农氏不顾个人安危，亲自品尝各种野草野果，不但发现了许多可以吃的食物，还发现了许多可以治病的药材。

后羿射日

一次太康又去打猎，不知不觉在外面待了很长时间，猎兴正浓。当他想回宫时，已没法回去了，都城早已被有穷国国君后羿占领了。

夏启死后，他的儿子太康即位。太康是个十分昏庸的君主，他不管政事，专爱打猎。有一次，太康带着随从到洛水南岸去打猎。他越打越起劲，去了一百天还没有回城。

那时候，黄河下游的夷族，有个部落首领名叫后羿，野心勃勃，想夺取夏王的权力。他看到太康出去打猎，觉得是个机会，就亲自带兵守住洛水北岸。等到太康带着一大批猎得的野兽，兴高采烈地回来的时候，走到洛水边，对岸全是后羿的军队，拦住他的归路。太康没办法，只好在洛水南面过着流亡生活。后羿还不敢自立为王，另立太康的兄弟仲康当夏王，把实权抓在自己手里。

后羿是一个著名的弓箭手，据说他射箭百发百中。有一个神话，说古时候天上本来有十个太阳，地面上热得像烤焦了似的，给庄稼带来严重的灾害。大家请后羿想法子，后羿搭弓射箭，"嗖嗖"几下，把天空上的九个太阳射了下来，只留下一个太阳。这样，地面上气候适宜，不再闹干旱了。又说，古时候大河里有许多怪兽，经常兴风作浪，造成水灾，把禾苗淹没，人畜淹死，也是后羿用箭把这些怪兽都射死了，人们的生活才恢复了正常。这些神话说明后羿的箭术很高明，是大家公认的。

后羿开始还只是做仲康的助手。仲康一死，他干脆把仲康的儿子相撵走，夺了夏朝的王位。他仗着射箭的本领，也作威作福起来。他和太康一样，四处打猎，把国家政事交给他的亲信寒浞。寒浞瞒着后羿，收买人心，有一次，后羿打猎回来，寒浞派人把他暗杀了。

○ 后羿射日雕像

寒浞杀了后羿，夺了王位，怕夏族再跟他争夺，一定要杀死被后羿撵走的相。

相逃到哪儿，寒浞就追到哪儿，后来，相终于被寒浞杀了。那时候，相的妻子正怀着孕，被寒浞逼得没法，从墙洞里爬了出去，逃到娘家有仍氏部落，生下个儿子叫少康。

少康长大后，给姥姥家看牲口。后来听到寒浞正在派人追捕他，又逃到舜的后代有虞氏那儿。

少康从小在艰难的环境中长大，练就了一身本领。他在有虞氏那里招收人马，开始有了自己的队伍。后来，又得到忠于夏朝的大臣、部落的帮助，反攻寒浞，终于把王位夺了回来。

夏朝从太康到少康，中间经过大约一百年的混战才恢复过来，历史上称作"少康中兴"。

少康灭了寒浞，可是夷族和夏朝之间的斗争还没完。夷族人中有很多出名的射手，他们的弓箭很厉害。后来少康的儿子帝杼即位，发明了一种可以避箭的护身衣，叫作"甲"，战胜了夷族，夏的势力又向东发展了。

历史聚焦 LISHI JUJIAO

相传原来天上有 10 个太阳，晒得大地裂开，草木枯干，百姓的生命危在旦夕。传说有穷国有个叫羿的神射手追着太阳，射下 9 个，拯救了百姓与万物。由于有穷国国君箭法十分高超，人们也就尊称他为后羿。

夏　朝

夏朝（约公元前 2070 年—公元前 1600 年）是中国史书中记载的第一个世袭制朝代。

夏世系图

帝王	帝王简史
禹	夏朝开国君主，活 100 岁，葬于会稽山。
启	前 1978 年—前 1963 年在位，约 78 岁驾崩。
太康	不详—前 1955 年，病死，葬于今河南省太康县西。
仲康	前 2005 年—前 1946 年，葬于安邑附近。
相	继位时，年龄还很幼小，羿带兵进逼，自刭而死。
少康	从"太康失国"到"少康中兴"，前后共约近百年。
予	前 1887 年—前 1871 年在位，在位 17 年。
槐	第八位帝王，在位 26 年，病死，葬于安邑。
芒	生卒年不详，在位 18 年，病死，葬于安邑。
泄	生卒年不详，在位 16 年，病死，葬于安邑。
不降	生卒年不详，在位 59 年，病死，葬于安邑。
扃	生卒年不详，在位 21 年，病死，葬于安邑。
廑	生年不详，在位 21 年，病死，葬于安邑。
孔甲	约前 1704 年—前 1674 年，病死，葬于北京延庆。
皋	前 1673 年—前 1671 年，病死，葬于河南洛宁。

续表

帝王	帝王简史
发	前 1670 年—前 1652 年在位，在位 19 年。
桀	生卒年不详，在位 52 年，是历史上最著名的暴君。

朝代简介

夏朝（约公元前 2070 年—公元前 1600 年），一般认为夏朝是多个部落联盟或复杂酋邦形式的国家。夏时期的文物中有一定数量的青铜和玉制的礼器，年代约在新石器时代晚期、青铜时代初期。

根据史书记载，禹传位于他的儿子启，改变了原始部落的禅让制，开创中国近四千年世袭的先河，中国历史上的"家天下"就是从夏朝的建立开始。夏族的十一支姒姓部落与夏后氏中央王室在血缘上有宗法关系，政治上有分封关系，经济上有贡赋关系，大致构成夏王朝的核心领土范围。夏西起河南省西部、山西省南部，东至河南省、山东省和河北省三省交界处，南达湖北省北部，北及河北省南部。这个区域的地理中心是今偃师、登封、新密、禹州一带。

夏朝共传十四代，十七后，延续约 471 年，为商朝所灭。后人常以"华夏"自称，使之成为中国的代名词。

中国传统文献中关于夏朝的记载较多，但由于都成书较晚，已知的又没有发现公认的夏朝存在的直接证据，如夏朝同时期的文字作为自证物，因此近现代史学界一直有人质疑夏朝存在的真实性。

奴隶制王朝的建立

> 　　禹死后，伯益自持功大等启来请他继位，美梦成空，启并未有让位的表示，伯益十分恼火，率领兵士攻打启。启早已做好了准备，没有费多大力气就将伯益杀死了。伯益的失利，使其他各部落都不敢再轻易出兵造反，变得驯服了。启成了一个名副其实的国王。

　　随着私有财产的出现，人们的观念也渐渐发生了变化，为了各自的利益你夺我抢的冲突时常发生。禹只好制定禹刑，设置监狱，并先后在阳城和阳翟（今河南禹县）建立都城。

　　后来夏部落与周围其他部族之间争夺联盟首领的战争不断，禹凭借威望和治水的辉煌功绩，得到了联盟首领的位置，进而稳定下来。禹的部落联盟不断扩大，有的部落虽不愿意加入，但迫于禹的威严，只好不得已而为之。禹在会上规定：部落联盟的首领有权处死某一个氏族的首领。从此，其他部落不得不对大禹俯首帖耳，唯命是从了。此时，禹实际上已是拥有生杀大权的国王了，氏族内部家长权力正在向国家的政治权力转变，国家在这种背景下必然会产生。

　　禹越来越老，按照惯例该选部落继承人了。禹也曾想按照部落内部原有的禅让制度，通过选举的方式把首领的位置让给有贤德的人。大家一致推荐掌管刑法的皋陶。皋陶为人厚道，为公甘愿牺牲自己的一切，可是不久皋陶死了。大家又推举皋陶的儿子伯益，伯益就是当年与大禹一起治水的益。伯益治水

时，吃苦耐劳，献计献策，在百姓之中威望很高，而且伯益辅佐禹管理部落联盟的事务已有 10 多年。但此时的大禹想把自己的位置让给儿子启。可是他不好随便破坏祖上传下的规矩，就想出一计，给伯益一个虚名，真正的实权交给儿子启。渐渐地，启在百姓心目中树立起了威望。

后来，禹在东巡的时候死在会稽，伯益为他举行丧礼，挂孝、守孝 3 年。当年大禹为舜举行葬礼后曾将继承人的位置让给舜的儿子，而舜的儿子没有继承帝位，而是让给了有才德的禹。伯益也假意将王位让给大禹的儿子启，可是伯益万万没想到，启一点儿也不客气，登上了王位，各部落首领也纷纷前来朝贺。

古代"禅让"制度就这样被破坏了。这是私有制出现后的一种必然现象，从此，父子相传的王位世袭制度确立了。禹传子，家天下。这是中国历史上的又一次重大变革。

启建立了夏以后，站稳了脚跟。在经济上，夏开始征赋，

◎ 大禹雕像

作为财政上的开支费用，又配备了军队，从此真正意义上的国家诞生了。

启开始时还勤于朝政，可后来他滥用权力，过着挥霍无度奢侈的生活。他只知享受，不顾百姓死活，而且处处显示自己的威风，把军队和监狱作为自己的武器，到处炫耀自己的威力。启出去游玩时更是带着王公大臣驾着车浩浩荡荡，威风凛凛。每到一处，就让当地百姓为他供奉膳食，这无疑加重了本来就很贫困的百姓的负担。

9 年之后，启重病身亡。长子太康继位，由于启常年荒废朝政，这时的夏朝已摇摇欲坠。太康劣性十足，比启还有过之而无不及。他爱好打猎，整天带着大臣到林中去打猎，对国家政务根本不放在心上。有的忠臣进言劝他几句，他非但不听，还大加斥责。久而久之，大臣中也没有人再劝他了。

历史聚焦 LISHI JUJIAO

"禅让"制被废除后，取而代之的是父传子的王位继承方式，这引起了夏朝争夺王位的激烈斗争。有扈氏对这种废"禅让"十分不满，他联合其他部落组成大军攻打启。启亲自率兵进行讨伐，经过激烈的斗争，有扈氏和其他部落遭到了失败，有扈氏被"剿绝"。夏启不但保住了王位，还将禅让制彻底改变为世袭制。于是众多邦国首领俯首称臣，启在钧台（今河南禹县）举行宴会，宴请各部落首领。这就是历史上有名的"钧台之享"。中国历史上第一个奴隶制王朝——夏建立了。

 # 暴君

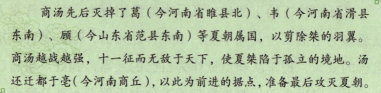

商汤先后灭掉了葛（今河南省睢县北）、韦（今河南省滑县东南）、顾（今山东省范县东南）等夏朝属国，以剪除桀的羽翼。商汤越战越强，十一征而无敌于天下，使夏桀陷于孤立的境地。汤还迁都于亳（今河南商丘），以此为前进的据点，准备最后攻灭夏朝。

　　夏桀是中国历史上有名的暴君之一。据说他文武双全，双手可以把铁钩拉直。但他重用佞臣，排斥忠良，不修内政，而且残酷压榨百姓，导致朝野内外矛盾重重。

　　夏桀迷恋女色，后宫美女如云，其中最受宠爱的是妹喜。他即位后的第三十三年，发兵征伐有施氏，有施氏抵挡不住，进贡给他一个美女，名叫妹喜，为有施氏之妹。夏桀十分宠爱妹喜，特地建造了富丽堂皇的琼室、象廊、瑶台和玉床，供他和妹喜享乐。

　　夏桀对饮食十分讲究，常吃的是西北出产的蔬菜、东海里捕捞来的大鱼，调味的作料是南方出产的生姜、北方出产的海盐。为了供应他一个人的膳食，得有成百上千人替他种菜、捕鱼、运输、烹调。夏桀又是个酒鬼，特别喜欢喝酒。他喝酒还有个怪脾气，必须喝十分清澈的酒，酒一混浊，他就要杀厨师，许多厨师就因此断送了性命。夏桀喝醉了酒以后，还要拿人当马骑着玩耍。谁要是不肯让他骑，就要挨一顿痛打甚至被杀头。

夏桀喜欢阿谀奉承的人，讨厌直言规劝他的人。有个大臣叫关龙逢，看到夏桀胡作非为，便进谏道："天子谦恭而讲究信义，节俭又爱护贤才，天下才能安定。陛下奢侈无度，嗜杀成性，弄得百姓怨声载道，长此以往，天下就危险了。"桀听了大怒，将关龙逢处死，还说："天上有太阳，我就是国家的太阳，太阳灭亡，我才会灭亡。"他还召集所属各部首领开会，准备发动讨伐其他部落的战争。这样，夏桀也就日益失去人心，夏朝的统治也越来越腐朽了。

而汤在不断征讨夏的属国的同时，大量地向夏朝进贡各种珍奇异宝，并贿赂桀的近臣。桀收到这些珍宝，又有哪些佞臣在他耳边说汤的好话，也就因此对汤的所作所为不闻不问，双方的力量在不知不觉中此消彼长了。

◉ 二里头文化遗迹

汤和宰相伊尹见时机成熟，就由汤召集部众，出兵伐夏，直逼夏的重镇鸣条（今山西省安邑县西）。

桀得到消息，亲自带兵赶到鸣条。两军交战，桀登上附近的小山顶观战。忽然天降大雨，桀又急忙从山顶奔下避雨。夏军将士原来就已经不愿再为桀卖命，此时，也乘机纷纷逃散。夏桀制止不住，只得仓皇逃入城内。商军在后紧追，桀不敢久留，匆忙携带妹喜和珍宝登上一艘小船，渡江逃到南巢（今安徽省巢县）。后又被汤追上俘获，放逐在那里。

桀和妹喜养尊处优惯了，在这荒僻山乡，无人服侍，自己又不会劳动，最终被活活饿死于卧牛山，夏朝宣告灭亡。

历史聚焦 LISHI JUJIAO

夏桀对妹喜宠爱有加，言听计从。妹喜听腻了琴瑟之声，偶然间听到布帛撕裂的声音，觉得非常新鲜、悦耳。夏桀便向全国征集大量布帛，堆放在宫中，令宫人不断地撕帛，以博美人一笑。

商 朝

商朝（公元前 1600 年—公元前 1046 年），商朝经历三大阶段。第一是"先商"，第二是"早商"，第三是"晚商"。前后相传 17 世 31 王，延续 555 年。

商帝系表

帝王	年号 / 在位时间	公元
汤		
太丁		
外丙		
仲壬		
太甲		
沃丁		
太庚		
小甲		
雍己		
太戊		
仲丁		
外壬		

帝王	年号/在位时间	公元
河亶甲		
祖乙		
祖辛		
沃甲		
祖丁		
南庚		
阳甲		
盘庚（迁殷前）		
盘庚（迁殷后）*		
小辛	（50）	前 1300
小乙		
武丁	（59）	前 1250
祖庚		
祖甲		
廪辛	（44）	前 1191
康丁		
武乙	（35）	前 1147
文丁	（11）	前 1112
帝乙	（26）	前 1101
帝辛（纣）	（30）	前 1075

　　商朝（公元前1600年—公元前1046年），是中国历史上的第二个朝代，是中国第一个有直接的同时期的文字记载的王朝。夏朝末年，商部落首领商汤率诸侯国于鸣条之战灭夏后在亳（今商丘）建立商朝。之后，商朝国都频繁迁移，至盘庚迁殷（今安阳）后，国都才稳定下来，在殷建都达二百七十三年，所以商朝又称为"殷"或"殷商"。

　　商朝经历了三个大的阶段。第一阶段是"先商"，第二阶段是"早商"，第三阶段是"晚商"，前后相传17世31王，延续555年。末代君主帝辛于牧野之战被周武王击败后自焚而亡。

　　殷墟发掘，确证了中国商王朝的存在。商朝处于奴隶制鼎盛时期，奴隶主贵族是统治阶级，形成了庞大的官僚统治机构和军队。甲骨文和金文是目前已经发现的中国最早的成系统的文字符号。

商汤求雨

古时候，人们的科学知识十分匮乏，因而对许多自然现象不理解，所以加以神化，下雨、打闪、打雷都被看作是鬼神的安排。那时从国君到臣子再到黎民百姓对鬼神都十分尊敬，认为一切天灾人祸都是上天的旨意。

商汤灭夏，是我国奴隶社会中一个奴隶主的总代表去革另一个奴隶主总代表的职。商汤是一位既有文治又有武功的帝王，他爱才爱将，品德高尚，再加上右相伊尹和左相钟虺的辅佐，商朝全国呈现出一片欣欣向荣的景象。百姓安居乐业，兵士勤于练兵，满朝臣子也是兢兢业业。

过去老百姓是靠天吃饭的，如果遇上天气好，农业的收成就好，百姓就可以少挨饿；如果遇上天气不好，一年颗粒无收，百姓就得挨饿受苦。在闹灾荒时，饿死人的现象时有发生，所以老百姓对上天更是敬畏，时时祈祷老天保佑。商朝刚刚建立，一切都呈现新气象时，一场大旱悄然而至。这场大旱着实罕见，地上草木枯干，老百姓吃水都成问题，有的小动物都被渴死了。这可急坏了贤德的商汤，他焦急万分，天天祈祷上天，保佑大商臣民。可是老天不知怎么回事，依然烈日当头，太阳火辣辣地照耀着大地，河水早已枯竭，大地已干裂。这样的旱情持续了7年，百姓饿死无数，加上天气特别热，中暑而亡的人数也不少。但商汤十分相信鬼神，一直在不断地祈祷上天，心想：一定是自己有些行为不对惹了鬼神，上天怪罪下来，让我大商王朝受此罪。他开始自责，并思考自己的行为举动，怎么也想不出自己哪里得罪了上天。

不知是上天真的被感动，还是气候本该如此。不久，天空阴云突起，连成了一片，越来越低，百姓纷纷出城来求雨，一声霹雳，大雨倾盆而降，举国上下立时成了欢乐的海洋。商汤率领众臣子出了宫，站在雨中，接受雨的洗礼，他瘦弱的身躯却显得那么坚挺。

○ 商汤

他两手伸向天空，仰天长啸，大叫："老天有眼，老天有眼，我大商朝又有希望了！"不久商汤求雨之事举国上下都知道了，老百姓本来就十分爱戴商汤，这一下更是对其万分钦佩。商汤爱民如子，被百姓颂扬。在那场连续大旱的几年里，商汤把国库的粮食发放给百姓充饥，虽然数量根本不够，但百姓拥护商汤，没有一个地方发生反叛，社会十分安定。

　　大雨过后，草木皆绿，农业更是呈现一派新景象，畜牧业也发展了。从那以后，连续几年都风调雨顺，五谷丰收，百姓喜不自言。由于日夜操劳，商汤病倒了。他知道自己活不了多久了，拉着伊尹的手说："我在世的时间不会太久了，我大商王朝终于走出了困境，我心满意足，可唯一让我放心不下的是国家社稷和黎民百姓。太子早死，余下的儿孙年龄尚小，不堪重用，我大商王朝的江山只有指望你了。"伊尹十分难过，对商汤说："国王您放心吧，好好休养，上天会保佑您的，您不必担心国家事务，我会帮您处理的。"商汤放心地点点头。

　　商汤的病终究没有好起来，不久便离开了人世。

历史聚焦 LISHI JUJIAO

　　有一年大旱，商汤穿戴整齐，神情异常严肃，跪倒在地拜求鬼神。这时的商汤又黑又瘦，他为国事日夜操劳，又心系百姓之疾苦，所以寝食不安。商汤诚恳地对上天说："老天爷，求求您了，您可怜一下我大商朝的百姓吧，他们是无辜的。如果您认为我大商朝有错，那么一切错都是我的，与我的臣民没有关系，如果您降下甘霖，我愿一人受罚。"在后边一起祈祷的臣子听了商汤的话，感动得直流泪，心想：国王真是一代明君，宁可牺牲自己，也不愿意让百姓遭受疾苦。谋事在人，成事在天，后来天还真的就下起了大雨。

治国治君的伊尹

太甲在位初年，任用伊尹为相，商朝比较强盛。可是太甲三年时，太甲开始按照自己的性子办事，以残暴的手段对付百姓、奴隶，伊尹便把太甲流放到桐之宫。三年后，伊尹见太甲改过自新，便郑重地将政权交还给太甲。太甲复辟后，沉痛接受教训，成了一个勤政爱民、励精图治的圣君。太甲庙号为太宗。

商汤死后，伊尹按照先主的旨意辅佐幼主治理天下。商汤长子早亡，次子登上王位，两年后次子又病死。伊尹十分痛心，唯恐商朝天下毁在自己手里，对不起先帝的恩泽。伊尹又推三太子继位，而三太子4年之后也病死。伊尹越来越觉得对不起先帝，心情越来越沉重。没有办法，伊尹只好推商汤的孙子——太甲登上王位，而太甲年幼无知，又生性爱玩。伊尹无奈，只好将他带在身边，整日给他讲治国之道，讲他爷爷治国打仗的事，讲夏桀如何灭亡。伊尹希望太甲能从中吸取教训，增长见识，掌握治国之道，可太甲无心聆听，渐渐产生了厌烦情绪。老臣伊尹常常面对商汤的遗像，暗暗落泪，深深自责。

几年过去了，太甲已渐渐长大，可仍无心治国，伊尹准备好好"教训"太甲一下。

祭祀的日子到了，太甲也跟着队伍来到桐宫。太甲觉得祭祀实在无聊，若不是先王的祭礼和伊尹的叮嘱，他肯定是不会参加的。伊尹为先王祭礼，心中感觉愧对先王，没有把

○ 伊尹雕像

太甲抚养成人。看上去伊尹已老了许多，他接过主祭人手中的祭辞，恭恭敬敬地诵读。听倦了祭辞得太甲东张西望，可他仔细一听祭辞的内容，吓出了一身冷汗。原来伊尹感觉自己无能，没有完成先王的遗嘱，没有把太甲抚养成人，决定把太甲留在桐宫。太甲听后，连连后退，他吓傻了，原来伊尹早想"教训"一下太甲，把他囚禁在桐宫。

伊尹头也不回地乘车返回王宫，两行老泪已流下，那张憔悴的脸越发苍老。他也是出于无奈，刚才囚禁了太甲，大臣们没有反对，一是伊尹德高望重，大家相信他忠贞不贰；二是大家都认为太甲这样荒废朝政，迟早有一天，用血汗换来的江山会断送在他手里，所以都觉得伊尹做得很对。

太甲被囚禁在桐宫里，眼望外边的世界，自己却没有自由，心里不禁怨恨老臣伊尹。三天过去了，他觉得好像过了三年。第四天，门忽然开了，老臣伊尹来了。太甲本以为伊尹会放他出去，可伊尹却说："每天不得贪睡，必须从早到晚读历代贤王的遗训和勤政的事迹。"起初太甲还不读，到了后来，他实在觉得无聊才开始读书，越读越发觉自己的无才无德，越读越发奋，而且常常反思自己的过错，痛恨自己以前荒废时间，觉得自己有愧于先祖先宗。他也渐渐明白了伊尹的一片苦心，对这位身经百战的老臣肃然起敬。

转眼三年过去了，太甲在桐宫学到了许多知识。老臣伊尹深感一丝安慰。在这三年里，老臣伊尹代理太甲行政，他没有夺权之意，众位臣子也言听计从。在这一段时间，商朝社会安定，农业、畜牧业都迅速发展。

这一天，伊尹又来到桐宫，太甲起身相迎，而伊尹却跪倒在地，对太甲说："微臣斗胆将国王囚禁在此三年有余，如今微臣前来迎国王回宫。臣囚王有罪，请国王治罪。"太甲两眼含泪，明白了伊尹的用心，猛地跪在伊尹面前说道："老人家无罪，都是我让您费尽心思，实在是惭愧。"太甲和老臣相拥而泣。

太甲穿上了王袍，戴上王冠，重新复位。他勤于政务，国家安定富足。

30年后太甲病死，伊尹又辅佐太甲之子沃丁继位。而不久，这位德高望重的老臣也离开了人间。

历史聚焦 LISHI JUJIAO

伊尹活了100多岁，为商朝贡献了毕生的心血。去世时举国上下哭声一片。伊尹在百姓心中已被看作是国家的栋梁，有他在，国家就会安康。各地老百姓都自发地为他举行各种仪式，以示纪念。沃丁以先王之礼为他举行了隆重的葬礼，为他修建了墓地和祠堂。直到现在伊尹的墓地和祠堂还保留着，历史将永远铭记着这位贤德的老功臣。

盘庚迁都

经过三千多年的漫长日子，商朝的国都早就变为废墟了。到了近代，人们在安阳小屯村一带发掘出大量古代的遗物，证明那里曾经是商朝国都的遗址，这就是"殷墟"。

商汤建立商朝的时候，最早的国都在亳。在以后三百年当中，都城一共搬迁了五次。这是因为王族内部经常争夺王位，发生内乱；再加上黄河下游常常闹水灾。有一次发大水，把都城全淹了，不得不搬家。

从商汤开始传了二十个王，后来王位传到盘庚手里，他是个能干的君主，为了改变当时社会不安定的局面，决心再

○殷墟遗址

一次迁都。

可是，大多数贵族贪图安逸，都不愿意搬迁。一部分有势力的贵族还煽动平民起来反对，闹得很厉害。

盘庚面对强大的反对势力，并没有动摇迁都的决心。他把反对迁都的贵族找来，耐心地劝说他们："我要你们搬迁，是为了安定我们的国家。你们不但不谅解我的苦心，反而制造无谓的惊慌。你们想要改变我的主意，这是办不到的。"

● 甲骨文

由于盘庚坚持迁都的主张，挫败了反对势力，终于带着平民和奴隶，渡过黄河，搬迁到殷。在那里整顿商朝的政治，使衰落的商朝出现了复兴的局面，以后二百多年，一直没有迁都。所以商朝又称作殷商，或者殷朝。

从殷墟发掘出来的遗物中，有龟甲和兽骨十多万片，在这些龟甲和兽骨上面都刻着很难认的文字。经过考古学家的研究，才把这些文字弄清楚。原来商朝的统治阶级是十分迷信鬼神的。他们在祭祀、打猎、出征的时候，都要用龟甲和兽骨来占卜一下，是吉利或是不吉利。占卜之后，就把当时发生的情况和占卜的结果用文字刻在龟甲或兽骨上。这种文字和现在的文字有很大的不同，后来就把它叫作"甲骨文"。现在我们使用的汉字就是从甲骨文演变过来的。

在殷墟发掘的遗物中，还发现大量的青铜器皿、兵器，种类很多，制作很精巧。有一个叫作"司母戊"的大方鼎，重量有八百七十五公斤，高一百三十多厘米，大鼎上还刻着富丽堂皇的花纹。这样大的青铜器，说明在殷商时期，冶铜的技术和艺术水平都是很高的。但是也可以想象得出，像这样巨大的精美的大鼎，不知道渗透着多少奴隶的血汗哩！

从殷墟出土的甲骨文中，我们对殷商时期的社会情况有了比较确凿的考证。所以说，我国最早有文字记载的历史，是从商朝开始的。

历史聚焦 LISHI JUJIAO

考古工作者还在殷墟发掘了殷商奴隶主的墓穴。在安阳武官村一座商王大墓中，除了大量的珍珠宝玉等奢侈的陪葬品之外，还有许多奴隶被活活杀死殉葬。在大墓旁边的墓道里，一面堆着许多无头尸骨，一面排列着许多头颅。据甲骨片上的文字记载，他们祭祀祖先，也大批屠杀奴隶做供品，最多的竟达到二千六百多个。这是当年奴隶主残酷迫害奴隶的罪证。

西 周

西周（公元前 1046 年—公元前 771 年）是由周文王之子周武王灭商后所建立，至公元前 771 年周幽王被申侯和犬戎所杀为止，共经历 11 代 12 王，历经 275 年。

西周帝系表

帝王	年号/在位时间	公元
武王（姬发）	（4）	前 1046
成王（姬诵）	（22）	前 1042
康王（姬钊）	（25）	前 1020
昭王（姬瑕）	（19）	前 995
穆王（姬满）	（55）共王当年改元	前 976
共王（姬繄扈）	（23）	前 922
懿王（姬囏）	（8）	前 899
孝王（姬辟方）	（6）	前 891
夷王（姬燮）	（8）	前 885
厉王（姬胡）	（37）共和当年改元	前 877
共和	（14）	前 841
宣王（姬静）	（46）	前 827
幽王（姬宫湦）	（11）	前 781

西周（公元前 1046 年—公元前 771 年）是由周文王之子周武王灭商后所建立，定都于镐京（今陕西西安市西南），成王五年营建东都成周洛邑（今河南省洛阳市）。

历史上将东迁之前那一时期的周朝称为西周。周朝是中国远古社会的鼎盛时期。从西周开始，境内各个民族与部落开始不断融合。在这期间，华夏族逐步形成，成为中华民族的前身。

西周后期社会矛盾包括统治集团内部矛盾日趋激化，对土地以及政权的争夺，加速了西周的灭亡。国人暴动动摇了西周统治的基础，公元前 771 年，周幽王被犬戎杀死，西周灭亡了。

文王访贤

　　周文王在梦中看见天帝带来一个须眉皓齿的老人，天帝对他说："昌，赐给你一个好老师和好帮手，他的名字叫望。"文王赶紧倒身下拜。那个老人也一同倒身下拜，这个老者就是姜子牙。

　　姬昌是商朝时诸侯国周国国君，历史上把他称为"文王"。周文王从小就跟在祖父和父亲身边，耳濡目染，懂得了很多为政做官之道。商纣王残暴多疑，当时四方诸侯都手握重兵，纣王怕于己不利，便将姬昌、九侯、鄂侯骗入朝歌（今河南淇县）囚禁起来。纣王听说九侯的女儿貌似天仙，便将九侯女召入宫中。可是九侯女性情刚烈，誓死不从。纣王一怒之下将其杀死。后来，纣王又杀了九侯和鄂侯，众臣忧心如焚。姬昌的儿子伯邑考决定前往朝歌营救父亲。谁知他刚到朝歌便被纣王杀死，并做成肉汤，送给姬昌，让他尝尝儿子的肉味道如何。伯邑考被杀，他的弟弟姬发悲痛万分，他决心尽快救回父亲。于是他一面派人送去大量财宝和美女，一面向纣王求情，最后总算救回父亲姬昌。

　　周文王回来后，想起儿子伯邑考的惨死和纣王的暴虐无道，决心把国家治理好，让周国强大起来，等到时机成熟时去讨伐殷商。但是，他缺少一个才干出众、能文能武的贤士辅佐他，他时常留心寻访这样的贤士。

　　后来有一次文王出去打猎，出行前他叫太史替他卜了一卦。太史占卜后，随口唱了一支歌，歌词大意是："到渭水边上去打猎，将会有很大的收获。得到贤人是公侯，上天赐你的好帮手。"文王听后满心欢喜，他遵照歌词的指示，带领着大队人马来到渭水的蟠溪。

在茂密的林木深处，有一汪碧绿的潭水，在潭边坐着一位胡须银亮的老者。老者坐在一束白茅草上，戴着竹编的斗笠，穿着青布衣服，正静静地垂钓。文王定睛一看，老者的状貌和风度，就像是梦中见过的那个站在天帝身后的老人。文王赶紧跳下车子，恭恭敬敬地走到老人身边，向老人行礼问好。老者不慌不忙，从容对答，神情态度镇定自若。文王没有说出自己的身份，他和老人谈了很久，从治国方略到风土民情，两人越谈越投缘，竟忘记了时间，转眼太阳已经西沉了。文王知道，眼前这位老者就是自己所要寻访的那个见识超卓、学问渊博的大贤人。于是文王请老人坐上自己的车子，他亲自驾车，回到了都城。一到都城，他就拜老人做了国师，称他为"太公望"。

太公望本来姓姜，所以人们又叫他姜太公。他的祖先曾因帮助大禹治水有功，被封在吕这个地方，所以他

🌀 汤阴羑里城文王像

又叫吕尚或吕望。姜太公博学多才，一直胸怀报效国家的志愿，可是他的大半生几乎就是在默默无闻、穷困而颠沛的状态下度过。他曾经在朝歌杀过牛，在孟津卖过饭。到了晚年，他来到渭水，在风景秀美、人迹罕至的蟠溪岸边，盖上一座茅屋，以钓鱼为生。在他内心深处隐藏着一个希望：总有一天，会遇见一位贤明的君主，能赏识他的才能，来重用他，使他满腹的经纶抱负能得以施展。当他看见一个王者打扮的人向他走来时，他的心跳得多么厉害呀，可是他抑制住了激动的情绪，表现出了和平时一样悠闲自得的神态。一幕戏剧性的会见终于结束了……文王访贤，起用姜尚；渭水垂钓，太公得志。自此，姜太公帮助周文王治理国家，打败西戎，消灭了附近几个敌国，把势力扩展到长江、汉水流域，教化南蛮，取得当时天下的三分之二，接着便对朝歌展开了进逼之势。

历史聚焦 LISHI JUJIAO

　　商纣暴虐，周文王决心推翻暴政。太公姜子牙受师父之命，帮助文王。但姜子牙觉得自己半百之龄，又和文王没有交情，很难获得文王赏识。于是在文王回都途中，在河的一边，用没有鱼饵的直钩钓鱼。文王见到了，觉得这是奇人，于是主动跟他交谈，发现这真是人才，于是招入帐下。后来姜子牙帮助文王和他的儿子推翻商纣统治，建立了周朝。

天下归心的周公旦

> 周公旦帮助成王执政已7年有余，周朝的统治在周公的治理下得到了进一步的巩固。周公无论在臣子中，还是百姓中威信都相当高。

周武王建立周王朝后，将天下按照功劳的大小分封给了为他出生入死的功臣和亲属，借此巩固自己的地位。

当时商朝虽已灭掉，商纣自杀，可残余力量还存在，对刚刚建立的周王朝有不小的威胁。周武王为了安抚这部分残余力量的首领，把殷都全部留给了纣王的儿子武庚，并且封武庚为殷侯，同时派自己的三个兄弟去帮助武庚治理殷都。说是帮助治理，实际上是为了防止武庚反叛，是监视武庚的。周武王认为这样可以很好地控制武庚，但是周武王万万没有想到，两三年后，三监却和武庚联合起来，共同反叛朝廷。

周武王由于操劳过度，没过两年，他就得了重病。可当时周武王的儿子只有13岁，年龄太小，武王放心不下。让谁辅佐幼主呢？周武王想找一位可靠的人，于是他想到了周公旦。临死前，周武王把周公旦叫到身边，请求他辅佐年幼无知的周成王。周公旦为人忠厚，望着周武王深深地点了点头。

渐渐地，周公旦发现身边的人有些不对劲儿，成王同他说话时，也和以前大不相同。这一天周公旦正在处理政事，召公和姜太公对周公旦说，他们想回到封地去，不想在宫中了。

周公旦大吃一惊，不知为什么，便忙问二人原因。召公和姜太公也不说谎，便答道："外面早已议论纷纷，说你独揽大权，独断专行，迟早有一天你会废了成王，自立为天子的。既然这样，我们也不想留在宫中了，我们只想到封地去。"周公旦心想，就连两位德高望重的功臣都不信任自己，自己怎么能不伤心欲绝呢？当时，周公旦老泪纵横，只好向二位表明了心迹。第二天周成王已满十五岁，周公为成王举行了"冠礼"仪式，参加完成王"冠礼"仪式后，周公旦带着几名随从离开了镐京。不久他便查明了，造谣的不是别人，正是自己的亲兄弟，三监中的管叔鲜和蔡叔度。管叔鲜是文王的三儿子，他心里愤愤不平，认为哥哥周武王也太偏心了，别人都有封地，却把他们派去只当一个监视人的苦差事，他总想找时机报复一下周公旦和周成王。他便和蔡叔度二人臭味相投，想出了一条计策，散布谣言。

自从周公旦离开镐京后，武庚便和东夷首领以及一些边远小国加紧了联系，将反叛之事提上了日程。他们想利用周公旦不在朝中，而周成王年龄尚小这个天赐良机，举兵造反。

◎ 毛公鼎乃西周时期青铜重器

周成王虽然年幼，可也十分关心周王朝的江山社稷，他到祖庙祈祷占卜。在那里，周成王发现了一篇祷辞，是周公旦写的。成王一看，感动得两眼含泪，这才明白自己错怪了周公旦。成王立即派人将周公旦召回，请他继续辅佐朝政。

三年过去，周公旦率领人马直接打到了殷都，将暴君之子武庚斩首示众。管叔鲜一看武庚被斩，又无颜再见周公旦，便上吊自杀了。周公旦把蔡叔度、霍叔处两个无知的兄弟流放贬职。姜太公率领人马，经过几年的征战，平定了叛乱，周王朝的地位得到了巩固。

后来周公旦累垮了身体，在洛邑病死了。周成王悲痛万分，以天子之礼将周公旦葬到文王、武王的墓地。

周公旦死后，周成王为周公旦修了一座周庙，记载着周公旦一生不朽的功勋。这座周庙至今还在，就坐落于洛阳市区之内。

历史聚焦 LISHI JUJIAO

周武王死后，周公旦便将国家这副担子挑了起来。他一方面辅佐幼主，让他读书，给他讲治国之道；另一方面周公旦修订制度，严明法纪。真可谓"一休三握发，一饭三吐哺"。后来为了颂扬周公旦的精神，人们留下了"周公吐哺，天下归心"的美谈，许多贤才都纷纷归附周公旦。

东周（春秋战国）

东周（公元前 770 年—公元前 256 年）是中国历史上继西周之后的朝代。诸侯拥立原先被废的太子宜臼为王，建立东周， 即位第二年，见镐京被战火破坏，又受到犬戎侵扰，便迁都洛邑，史称"东周"，以别于在这以前的西周。东周的前半期，诸侯争相称霸，持续了二百多年，称为"春秋时代"。东周的后半期，周天子地位渐失，各诸侯相互征伐，持续了二百多年，称为"战国时代"。

东周帝系表

帝王	年号 / 在位时间	公元
平王（姬宜臼）	（51）	前 770
桓王（姬林）	（23）	前 719
庄王（姬佗）	（15）	前 696
釐王（姬胡齐）	（5）	前 681
惠王（姬阆）	（25）	前 676
襄王（姬郑）	（33）	前 651
顷王（姬壬臣）	（6）	前 618
匡王（姬班）	（6）	前 612

帝王	年号/在位时间	公元
定王（姬瑜）	（21）	前606
简王（姬夷）	（14）	前585
灵王（姬泄心）	（27）	前571
景王（姬贵）	（25）	前544
悼王（姬猛）	（1）	前520
敬王（姬匄）	（44）	前519
元王（姬仁）	（7）	前475
贞定王（姬介）	（28）	前468
哀王（姬去疾）	（1）	前441
思王（姬叔）	（1）	前441
考王（姬嵬）	（15）	前440
威烈王（姬午）	（24）	前425
安王（姬骄）	（26）	前401
烈王（姬喜）	（7）	前375
显王（姬扁）	（48）	前368
慎靓王（姬定）	（6）	前320
赧王（姬延）	（59）	前314

东周时期又称春秋战国（公元前 770 年—公元前 256 年），是我国历史上的第一次全国性大分裂形成的时期。史家一般以"三家分晋"作为春秋时代的结束和战国时代的开始。

公元前 770 年平王东迁，建立了东周王朝。但此时周朝已衰弱到了极点，统治范围方圆不足六百里，各诸侯国纷纷割据称雄，不再朝见周天子，其统率诸侯的权力也是名存实亡。此间，全国共分为一百四十多个大小诸侯国，而其中以楚国、齐国、晋国、吴国、越国、秦国为大。

春秋战国是中国历史上很重要的一个时期，是由奴隶制向封建地主制过渡的时期，在此期间新旧阶级之间的斗争复杂而又激烈。

囚车里的人才——管仲

> 齐桓公一心想当诸侯的霸主，做了霸主就能够发号施令，别的诸侯就得向他进贡，听他的指挥。他对管仲说："现在咱们兵精粮足，是不是可以会合诸侯，共同订立盟约呢？"

春秋时期第一个称霸的是齐国（都城临淄，在今山东淄博）。齐国是周武王的大功臣太公望的封国，本来是个大国，再加上它利用沿海的资源，生产力比较发达，国力就比较强。公元前686年，齐国发生了一次内乱。国君齐襄公被杀。襄公有两个兄弟，一个叫公子纠，当时在鲁国（都城在今山东曲阜）；一个叫公子小白，当时在莒国（都城在今山东莒县）。两个人身边都有个师父，公子纠的师父叫管仲，公子小白的师傅叫鲍叔牙。两个公子听到齐襄公被杀的消息，都急着要回齐国争夺王位。

鲁国国君鲁庄公决定亲自护送公子纠回齐国。管仲对鲁庄公说："公子小白在莒国，离齐国很近。万一让他先进齐国，事情就麻烦了。让我先带一支人马去截住他。"

不出管仲所料，公子小白正在莒国的护送下赶回齐国，路上，遇到管仲的拦截。管仲拈弓搭箭，对准小白射去，只见小白大叫一声，倒在车里。

管仲以为小白已经死了，就不慌不忙地护送公子纠回到齐国去。哪里知道，他射中的不过是公子小白衣带的钩子，公子小白大叫倒下，是他的计策。等到公子纠和管仲进入齐国国境，小白和鲍叔牙早已抄小道抢先到了国都临淄，小白当上了齐国国君，这就是齐桓公。

齐桓公即位以后，立即发兵打败鲁国，并且通知鲁庄公一定要鲁国杀了公子纠，把管仲送回齐国治罪。鲁庄公没有办法，只好照办。

管仲被关在囚车里送到齐国，鲍叔牙立即向齐桓公推荐管仲。

齐桓公气愤地说："管仲拿箭射我，要我的命，我还能用他吗？"

鲍叔牙说："那时候他是公子纠的师父，他用箭射您，正是他对公子纠的忠心。论本领，他比我强得多。主公如果要干一番大事业，管仲可是个用得着的人。"

齐桓公也是个豁达大度的人，听了鲍叔牙的话，不但不治管仲的罪，还立刻任命他为相，让他管理国政。

管仲帮着齐桓公整顿

○ 管仲雕像

内政，开发富源，大开铁矿，多制农具，提高耕种技术，又大规模拿海水煮盐，鼓励老百姓入海捕鱼。离海比较远的诸侯国不得不依靠齐国供应食盐和海产。别的东西可以不买，盐是非吃不可的。齐国就越来越富强了。

○ 战国铜戈

齐桓公一心想当诸侯的霸主，做了霸主就能够发号施令，别的诸侯就得向他进贡，听他的指挥。他对管仲说："现在咱们兵精粮足，是不是可以会合诸侯，共同订立盟约呢？"

管仲说："咱们凭什么去会合诸侯呢？大家都是周天子下面的诸侯，谁能服谁呢？天子虽说失了势，但毕竟是天子，比谁都大。如果主公能够奉天子的命令，会合诸侯，订立盟约，共同尊重天子，抵抗别的部落，往后谁有难处，大伙儿帮他，谁不讲理，大伙儿管他。到了那时候，主公就是自己不要做霸主，别人也得推举您。"

齐桓公说："你说得对，可是怎么着手呢？"

管仲说："办法倒有一个。这回新天子才即位，主公可以派个使者向天子朝贺，顺便帮他出个主意，说宋国（都城在今商丘南）现在正发生内乱，新国君位子不稳，国内很不安定。请天子下命令，明确宣布宋国国君的地位，主公拿到天子的命令，就可以用天子的命令来召集诸侯了。这样做，谁也不能反对。"

齐桓公听了，连连点头，决定照着管仲的意见办。

这时候，周朝的天子早已没有实权了。列国诸侯只知道抢夺地盘，兼并土地，已经全然忘记还有朝见天子这回事。周釐王刚刚即位，居然有齐国这样一个大国打发使臣来朝贺，打心眼儿里喜欢，他就请齐桓公去宣布宋君的君位。

公元前681年，齐桓公奉了周釐王的命令，通知各国诸侯到齐国西南边境的北杏开会。

这时候，齐桓公的威望还不高。发出通知以后，一共只来了宋、陈、蔡、邾四个国家，还有一些诸侯国，像鲁、卫、曹、郑（都城在今河南新郑）等国，想瞧瞧风头再说，没有来。

在北杏会议上，大家公推齐桓公当盟主，订立了盟约。盟约上主要的内容有三条：一是尊重天子，扶助王室；二是抵御别的敌人，不让他们进入中原；第三是帮助弱小的和有困难的诸侯。

历史聚焦 LISHI JUJIAO

周平王东迁洛邑以后的东周，又分"春秋"和"战国"两个时期。春秋时期，周王室衰落，周天子名义上是各国共同的君主，实际上他的实力只相当一个中等国的诸侯。一些比较强大的诸侯国家用武力兼并小国，大国之间也互相争夺土地，经常打仗。战胜的大国国君，可以以天子名义号令其他诸侯，这种国君被称作霸主。

商鞅变法

公元前361年，秦国的新君秦孝公即位。他下决心发愤图强，广泛搜罗人才。他下了一道命令，说："不论是秦国人还是外来的客人，谁要是能想办法使秦国富强起来，就封他做官。"

在战国七雄中，秦国的政治、经济、文化各方面比中原各诸侯国都落后。邻近的魏国就比秦国强，还从秦国夺去了河西一大片地方。

公元前361年，卫国的贵族公孙鞅（就是后来的商鞅），在卫国得不到重用，跑到秦国，托人引见，得到秦孝公的接见。商鞅对秦孝公说："一个国家要富强，必须重视农业，奖励将士；要打算把国家治好，必须有赏有罚，赏罚分明；朝廷有了威信，一切改革也就容易进行了。"秦孝公完全同意商鞅的主张，可是秦国的一些贵族和大臣却竭力反对。秦孝公一看反对的人这么多，而自己刚刚即位，怕闹出乱子来，就把改革的事暂时搁置下来。

过了两年，秦孝公的君位坐稳了，就拜商鞅为左庶长（秦国的官名），说："从今天起，改革制度的事全由左庶长拿主意。"于是商鞅起草了一个改革的法令，但是他怕老百姓不信任他，新法令无法推行，就先叫人在都城的南门竖了一根三丈高的木头，下令说："谁能把这根木头扛到北门去，就赏十两金子。"不一会儿，南门口围了一大群人，大家议论纷纷，有的说："这根木头谁都拿得动，哪儿用得着十两赏金？"有的说："这大概是左庶长有心开玩笑吧。"大伙儿你瞧我，我瞧你，就是没有一个上去扛木头的。商鞅知道老百姓还不相信他下的命令，就把赏金提到五十两。没想到赏金越高，看热闹的人越觉得不近情理，仍旧没人去扛。正在大伙儿议论纷纷的时候，人群中有一个人跑出来，说："我来试试。"他说着，真的把木头扛起来就走，一直搬到北门。商鞅立刻派人传出话来，赏给扛木头的人五十两黄澄澄的金子，一钱也没少。这件事立即传开，一下子轰动了秦国。老百姓说："左庶长的命令不含糊。"

〇 商鞅雕像

　　商鞅知道，他的命令已经起了作用，就把他起草的新法令公布出去。新法令赏罚分明，规定官职的大小和爵位的高低以打仗立功为标准，贵族如果没有军功就没有爵位；多生产粮食和布帛的，免除官差；凡是为了做买卖和因为懒惰而贫穷的，连同妻子儿女都要罚做官府的奴婢。

　　秦国自从商鞅变法以后，农业生产增加了，军事力量也强大了。不久，秦国进攻魏国的西部，从河西打到河东，把魏国的都城安邑也打了下来。

　　公元前350年，商鞅又实行了第二次改革，改革的主要

内容是：一、废井田，开阡陌（田间的小路）。把那些宽阔的阡陌铲平，也种上庄稼，还把以前作为划分疆界用的土堆、荒地、树林、沟地等也开垦出来。同时宣布土地可以买卖。二、设县。把市镇和乡村合并成县，由国家派官吏直接进行管理。这样，中央政权的权力更集中了。三、迁都咸阳。为了便于向东发展，秦把国都从原来的雍城迁移到渭河北面的咸阳。

这样大规模的改革，当然要引起激烈的斗争。许多贵族、大臣都反对新法。有一次，秦国的太子犯了法。结果，商鞅把太子的两个师父公子虔和公孙贾都治了罪，一个割掉了鼻子，一个在脸上刺上字。这样一来，一些贵族、大臣都不敢触犯新法了，但商鞅这次冒犯太子也为自己埋下了祸根。这样过了十年，秦国果然越来越富强，周天子打发使者送祭肉来给秦孝公，封他为"方伯"（一方诸侯的首领），中原的诸侯国也纷纷向秦国道贺。魏国不得不割让河西土地，把国都迁到大梁（今河南开封）。

历史聚焦 LISHI JUJIAO

公元前338年，秦孝公驾崩，惠文王即位，公子虔告商鞅谋反，商鞅逃亡至边关，欲宿客舍，结果因未出示证件，店家害怕"连坐"不敢留宿，商鞅自是"作法自毙"；欲逃往魏国，魏人因商鞅曾背信攻破魏帅，亦不愿收留。后来商鞅回到商邑，发邑兵北出击郑国，秦国发兵讨之，杀鞅于郑国渑池，商鞅死后其尸身被带回咸阳，被秦惠王处"车裂之刑"，商鞅的家族成员也被杀害。

李冰和都江堰

　　李冰，战国时期秦国人，我国古代历史上著名的水利专家。李冰为人聪敏有智慧，他曾长期研究天文地理方面的科学知识，非常有才华，在他的努力下，他主持修建了秦国举世闻名的水利工程——都江堰。都江堰的建成，不仅对当地农业生产的发展有着积极的作用，同时也有力地促进了秦国国力的上升，为日后秦国争霸天下打下了坚实的基础。同时更有历史意义的是，李冰所主持修建的都江堰水利工程，也是中国水利事业发展的开创者。

　　公元前 259 年，李冰升任郡守的职务，前往蜀郡（今天的四川成都）上任。到达了蜀郡之后，他经过考察走访，发现蜀郡的西边常常遭受水灾，然而东边方向，却是另一番景象，常年干旱缺水。经过实地调查之后，李冰找出了其中的原因：原来发源于成都平原北部的岷江，河堤长期得不到有效维护和保养，一旦遇上雨季，河水便会冲毁堤坝，从而形成洪灾。再进一步考察，李冰看到位于灌县西南的玉垒山，由于大山的存在，严重地阻碍了江水东流，所以蜀郡才会出现东旱西涝的现象。

　　在掌握了大量的详细资料和数据后，李冰和他的儿子二郎经过一段时间的商议，提出了一个非常科学的治水方案：在玉垒山这里开挖出一个大口子，同时还在大山的前方，也就是江心处位置，重新修建一个分水的堤坝，将其中一股江

○ 李冰父子雕像

水分向严重缺水的东部地区。李冰的方案一经提出，就得到了当地百姓们的热情支持，大家齐心合力，一起加入到了这场规模浩大的治水工程。

整个治水工程并不是一帆风顺的。人们在开凿玉垒山的时候，发现这里的山石异常坚硬，很难开凿，费时费力，导致工程的进度极为缓慢。聪明的民众在试验之后发现，被火烧过的石头就不再那么坚硬了，这个办法被推广之后，开凿的速度明显加快了。

开山的问题解决了，但是前面又遇到了新的难题。原来按照李冰的最初计划，他想要修筑一条分水坝，使用的原材料是鹅卵石，于是就出现了堤坝刚刚修好，就被洪水冲垮的情况。如何才能够修建一条坚固的堤坝呢？李冰不断地思考着各种办法，设计出好多种方案，然而经过实地试验之后，结果都不是太理想。

有一天，李冰又为修建堤坝的事情在江边散步，一边走一边想着问题。无意中他看见江边有几名洗衣服的女子。这些女子在洗衣服的时候，将衣服浸泡在江水中，虽然江水流动速度很快，但始终冲不走放有衣服的竹篓。李冰若有所思地看着竹篓，突然间灵光一闪，他找到了解决堤坝的好办法，内心不由得一阵喜悦。

回去后，李冰马上开始行动，他先是让人编织竹篓，然后根据江水的实际情况反复试验，最终确定了竹篓的最佳尺寸：一个个三丈长、两尺宽的竹篓编成了，里面装上鹅卵石，每一个都有上万斤的重量，这样即使江水流动速度再急，也冲不动这个大家伙了。

经过坚持不懈的努力，都江堰水利工程顺利完工了。有了都江堰，成都平原减少了旱涝灾害，粮食生产大大增多，

○ 二王庙是对李冰父子的纪念庙宇

千里沃野成了大粮仓。

 历史聚焦 LISHI JUJIAO

　　都江堰，位于我国四川省成都市灌口镇，是"当今世界年代久远、唯一留存、以无坝引水为特征的宏大水利工程"，被人们称之为"世界水利文化的鼻祖"。它的建造，充分利用了周边特殊的地理环境，在考虑当地西北高、东南低的地势特点基础上，因势利导，最终实现了"自流灌溉，无坝引水"的水利工程奇迹，具备灌溉、水运、防洪以及社会用水等多项功能。作为修建于秦朝时期的一项水利工程，即使在今天，都江堰依然发挥着应有的作用，造福当地民众。

◎ 都江堰

秦朝

　　秦朝（公元前221年—公元前206年），是中国历史上一个极为重要的朝代，是由战国后期的秦国发展起来的中国历史上第一个统一的帝国。

秦帝系表

帝王	年号/在位时间	公元
昭襄王（嬴则，又名稷）	（56）	前306
孝文王（嬴柱）	（1）	前250
庄襄王（嬴子楚）	（3）	前249
始皇帝（嬴政）	（37）	前246
二世皇帝（胡亥）	（3）	前209

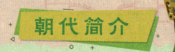

秦朝（公元前221年—公元前206年），是由战国后期的秦国发展起来的中国历史上第一个大一统王朝,传三世,共两帝一王,国祚共十四年。

秦国原为周朝的一个诸侯国,到秦始皇继位后,于公元前230年到前221年先后攻灭关东六国,完成统一,后北击匈奴、南并百越,建立中国空前辽阔的王朝。因秦朝王室嬴姓,故史书上别称嬴秦,以区分其他国号为秦的政权。秦始皇死后,秦二世胡亥与赵高篡改秦法实行极严苛统治,导致秦末农民起义。公元前206年,秦王子婴向刘邦投降,秦朝灭亡。

秦朝是我国历史上一个极为重要的朝代,它结束了自春秋起五百年来分裂割据的局面,成为我国历史上第一个统一的、多民族的、中央集权的封建国家。秦朝在历史上虽然为时很短,但它对后世的影响却极其深远。秦始皇统一了中国大地,除西部、西南部和东北部的边疆地区尚未开发外,其版图基本沿用至今;始皇时建立的一套中央集权制度,也基本上为后世历代王朝所继承;秦代修建的万里长城,至今仍是世界建筑史上的奇迹。但秦始皇的统治却是历史上少见的残暴统治,因此它很快又被人民推翻,成为短命王朝。

始皇嬴政

"车同轨""书同文"，全国统一"度""量""衡"。统一后，包括工业、文化、商业都有很大的进步与发展。

秦王嬴政兼并了六国，结束了战国割据的局面，统一了中国。他觉得自己的功绩比古代传说中的三皇五帝还要大，不能再用"王"的称号，应该用一个更加尊贵的称号才配得上他的功绩，就决定采用"皇帝"的称号。他是中国第一个皇帝，就自称是始皇帝。他还规定：子孙接替他的皇位按照次序排列，第二代叫二世皇帝，第三代叫三世皇帝，这样一代一代传下去，一直传到千世万世。

全国统一了，该怎样来治理这么大的国家呢？

在一次朝会上，丞相王绾等对秦始皇说："现在诸侯刚刚被消灭，特别是燕、楚、齐三国离咸阳很远，不在那里封几个王不行，请皇上把几位皇子封到那里去。"

秦始皇要大臣议论一下，许多大臣都赞成王绾的意见，只有李斯反对。他说："周武王建立周朝的时候，封了不少诸侯。到后来，像冤家一样互相残杀，周天子也没法禁止。可见分封的办法不好，不如在全国设立郡县。"

李斯的意见正合秦始皇的心意。他决定废除分封制，改用郡县制，把全国分为三十六个郡，郡下面再分县。

郡的长官都由朝廷直接任命。国家的政事，不论大小，

都由皇帝决定。据说秦始皇每天看下面送来的奏章，要看一百二十一斤（那时的奏章都是刻在竹简上的），不看完不休息，可见他的权力是多么集中了。

在秦始皇统一中原之前，列国向来是没有统一的制度的，就拿交通来说，各地的车辆大小就不一样，因此车道也有宽有窄。国家统一了，车辆要在不同的车道上行走，多不方便。从那时候起，规定车辆上两个轮子间的距离一律改为六尺，使车轮的轨道相同。这样，全国各地车辆往来就方便了，这叫作"车同轨"。

在秦始皇统一中原之前，列国的文字也不统一。就是一样的文字，也有好几种写法。从那时候起，采用了比较方便

○ 秦始皇雕像

的写法，规定了统一的文字。这样，各地的文化交流也方便多了，这叫作"书同文"。

各地交通便利，商业也发达起来，但是原来列国的尺寸、升斗、斤两的标准全不一样。从那时候起，又规定了全国用统一的度、量、衡制。这样，各地的买卖交换也没有困难了。

秦始皇正在从事国内的改革，没想到北方的匈奴打了进来。匈奴本来是我国北部一个古老的少数民族，战国后期，匈奴贵族趁北方的燕国、赵国衰落，一步步向南侵犯，把黄河河套一带大片土地夺了过去。秦始皇统一中原以后，就派大将蒙恬带领三十万大军去抵抗，把河套地区都收了回来，设置了四十四个县。

后来，秦始皇又派出大军五十万人，平定南方，添设了三个郡。第二年，蒙恬打败了匈奴，又添了一个郡。这样，全国总共有四十个郡。

历史聚焦 LISHI JUJIAO

为了防御匈奴的侵犯，秦始皇征用民夫，把原来燕、赵、秦三国北方诸侯国的城墙连接起来，又新造了不少城墙。这样从西面的临洮到东面的辽东，连成一条万里长城。这座举世闻名的古建筑，一直是我们中华民族古老悠久文明的象征。

焚书坑儒

> 秦始皇发现咸阳有一些儒生一起议论过他，就下令把那些犯禁严重的四百六十多个儒生都活埋了，其余犯禁的就流放到边境去。

秦始皇统一天下后，原六国的臣民，特别是王公贵族在心理上一时难以接受国破家亡的事实，他们怀着刻骨的仇恨，时时企图复国还旧，采取种种手段，甚至包括行刺秦始皇来达到目的。这个矛盾一直伴随着秦帝国从诞生到衰亡。秦王朝统治阶级内部的不同政治派别、不同思想主见的斗争以及国内统治阶级与劳苦大众的阶级矛盾也随外敌的消灭而渐渐激化。面对这重重矛盾，秦始皇及时地采用了李斯的种种谋略加以防范，但政治上的斗争必然会爆发。

秦始皇三十四年（公元前 213 年），为庆贺攻匈奴、征百越的成功，始皇置酒咸阳宫大宴群臣。文武百官争先恐后举杯致辞，为始皇歌功颂德。

仆射周青臣高声向秦始皇赞道："陛下废除分封旧制，遍置郡县，消除战乱隐患，百姓安居乐业。如此彬彬之盛，可以传之于万世。古往今来多少帝王，唯有陛下兵甲富胸中，忧乐关天下，有谁能和陛下的威德相比啊！"

周青臣虽有夸赞取宠之嫌，但毕竟也有某种程度的事实依据，始皇听了怡然自得。

可是，偏偏有个叫淳于越的博士对周青臣的话十分反感，反驳道："陛下，臣观古籍中所载，商、周两朝，一代一代相传了千余年，都是因为开国后大封子弟功臣，是各国诸侯共同辅佐的结果。如今陛下统一了六国，抚有海内，子弟功臣却未被加封，各地遍设了郡县。如果出现原先齐国田常、晋国六卿那样的乱臣贼子企图篡夺皇位，有谁来帮助相救？总之，凡事不按古代规制来办而想维系持久的，我闻所未闻。如今周青臣又当面阿谀奉承，以助长陛下的过错，实在不是忠臣！"淳于越的驳斥虽言辞激昂，却有悖于社会进步，新、旧两派政治势力的争斗愈演愈烈。

　　为此，秦始皇又将淳于越之议下达朝廷，让群臣计议。丞相李斯说："古来治理天下的办法并无常制，贵在因时而异。如今陛下统一了天下，颁定了秦法，迂腐的儒家岂能知晓？

◉ 秦始皇沙雕形象

淳于越所言，都是夏、商、周三代的事，年代久远，不足效法。现在天下已定，法令划一，老百姓安分守己，只是有那么一些读书人不肯学习现在的东西而专学过去的，以古非今，并造谣惑众。"李斯的观点基本是正确的，但他却又向前多迈了一步，从而走向谬误。他说："如果对这些师古非今的行为不加以禁止，上则皇帝的权势有所降低，下则臣民结党营私，因此必须严禁。"

● 李斯雕像

李斯回家后又写了一封奏章，建议始皇坚决制止儒生的非法活动，并正式提出焚书的建议。秦始皇立即批准此议，颁布了"禁书令"，规定：除秦国的历史书及医药、卜卦、种树等书外，六国史书及民间所藏《诗》《书》《百家语》等一律烧掉。违令者处以黥刑，并罚做四年筑长城的苦役。有敢谈论《诗》《书》《百家语》的，处以重刑。

以古非今者，举族连坐。官吏知情不报者与之同罪。

"焚书令"一颁布，官吏挨户搜书，全国各地焚书之火遍燃，绝大多数珍贵书籍难逃此劫。焚书之举激起了人们强烈的反对。

焚书次年，即秦始皇三十五年（公元前212年），为秦始皇寻觅长生不老仙药的方士侯生和卢生怕骗局败露，带着所骗钱财逃走了。秦始皇大怒，召群臣说道："朕以前召集文学方士来秦国，是要他们辅政、炼丹；结果淳于越借古讽今、非议时政，卢生拿了厚赏反倒诽谤朕，并逃之夭夭。现在咸阳儒生不下百千，必然还有以妖言惑乱百姓者。"遂命御史大夫追查诽谤朝廷的儒生，御史大夫拘捕了400多名儒生，以酷刑逼其认罪，然后坑杀于咸阳。这就是历史上著名的"焚书坑儒"。

历史聚焦 LISHI JUJIAO

中车府令赵高和丞相李斯等人与秦始皇的另一个儿子胡亥阴谋篡改始皇帝的遗诏，立胡亥为太子，即皇帝位。同时另书赐死蒙恬和扶苏，并"数以罪"。胡亥的使者奉书到上郡，扶苏打开诏书知必死无疑，遂准备自杀。大将蒙恬曾经起疑心，力劝扶苏不要轻生："请复请，复请而后死，未暮也。"但扶苏为人宽厚仁义，不愿背礼，旋即自杀于上郡军中。

大泽乡起义

陈胜、吴广假借受公子扶苏、楚将项燕之命，以顺乎民心。于是，在一片反秦的怒吼声中，900名戍卒"斩木为兵，揭竿为旗"，打出"大楚"旗号，陈胜自封将军，吴广为都尉。中国历史上第一次农民起义的熊熊烈火便首先在大泽乡的雨夜燃烧起来。

公元前209年夏，正值淮北的雨季。一支900余人的队伍在两名将尉的押送下，拖着疲惫的步伐，正向泗水郡蕲县的大泽乡（今安徽宿县）走去。他们是奉二世之命到遥远的渔阳（今北京密云西南）戍守的一批"闾左"（原本可免除徭役的自由民）。按秦律，戍卒如果无法按时到达，一律斩首。正当众人因为延误期限而愁眉不展时，队伍中的两个屯长陈胜和吴广正在密谋策划一场惊天动地的行动。

陈胜召集众人，慷慨陈词："我们遇到大雨，肯定无法按期赶到，而失期要被处斩。即使不斩，戍守边疆死者十之六七。壮士不死也就罢了，死则应得大名。那些称王侯拜将相的人，天生就是好命，贵种吗？"陈胜这番鼓动性极强的讲演，让戍卒们群情激昂，众人同声响应。

大泽乡的星星之火，转眼间已成燎原之势。在陈胜、吴广的指挥下，兵锋指处，所向披靡。义军首战告捷，攻下大泽乡，此后不到一个月的时间，先后攻下今安徽和河南两省的大部分土地。当义军逼近陈（今河南淮阳）地时，已经拥有战车六七百辆，骑兵千余，步卒数万。

陈，地处南北交通要冲，历来是兵家必争之地。陈胜大军杀死出城迎战的郡丞，歼灭顽守的秦军，浩浩荡荡地开进这座历史名城。入城之后，陈胜自立为"楚王"，国号"张楚"，即张大楚国之意。"张楚"政权建立以后，各地农民纷纷投入义军行列。沛县（今江苏沛县东）人刘邦在县吏萧何、曹参等人的支持下，杀沛县令起义；项梁、项羽叔侄原是楚国贵族的后代，因避仇居于吴（今江苏苏州），也杀秦会稽郡守响应陈胜。还有英布、彭越、王陵、秦嘉等先后在各地起兵，起义军的声势达到了顶峰。

陈胜称王后，迅速组织起义军和各地反秦势力，向秦朝发起猛烈攻势。西征军主要的战略目标是关中之地，兵分三路：一路以吴广为假（暂且、代理之意）王，西进荥阳；一路命

● 大泽乡起义纪念雕像

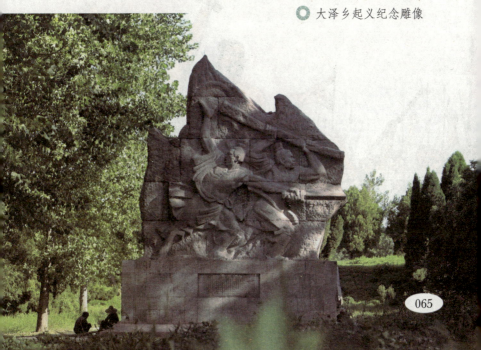

宋留率军向西南进发，配合吴广西进；一路命周文为将军，经颍川（郡治在今河南禹县），过函谷关（今河南灵宝东北），直捣咸阳。

各路起义军在广大人民的拥戴下，"攻城略地，莫不降下"。公元前209年9月，周文大军一度打到始皇骊山墓附近的戏（今陕西临潼境内），距离秦国都城咸阳只有百里了。秦二世胡亥如遭晴天霹雳，悉发几十万骊山刑徒，由章邯带领以反击周文。周文远来疲惫，装备落后，孤军深入，缺乏后援，虽率兵奋力拼杀，还是惨遭失败。公元前208年，周文在渑池浴血奋战十余天，终因寡不敌众，兵败自杀。

周文西征军的溃败，使得吴广军腹背受敌。秦二世增派

⊙ 大泽乡起义

长史司马欣、董翳率两支人马，出关协助章邯，对吴广形成内外夹击之势。由于吴广听不进属下意见，被其部将田臧假借陈胜命令杀害。陈胜为稳住军心，便派使臣授田臧为楚令尹，拜为上将，指挥荥阳大军。田臧亲率精兵大战章邯于敖仓，大军惨败，田臧战死。陈胜起义军的主力西征军相继溃败，成为由胜而败的转折点。

章邯乘胜扫清陈城外围，直接进犯陈胜起义军的政治中心。守城的上柱国蔡赐血染疆场，大将张贺也终因寡不敌众而捐躯城西。陈胜只好带领义军回城固守，以待支援。坚守月余后，内无粮草，外无救兵，公元前208年腊月，陈胜退走汝阴，不久又转战下城父，后被其车夫杀害。

可怜陈胜，起义不到半年，鸿鹄之志未遂，出师未捷身先死。这又是一幕触目惊心的历史悲剧，但陈胜"一呼而天下应"，刘邦、项羽等后继者正踏着他的足迹，完成他未竟的反秦事业。

历史聚焦 LISHI JUJIAO

为了鼓动戍卒，陈胜、吴广将写有"陈胜王"的帛书塞入鱼腹，再让戍卒买鱼烹食。戍卒见鱼腹中的帛书，惊诧不已。当晚，陈胜又密令吴广潜入附近荒野中的神祠，学着狐狸的嗥叫声，高呼"大楚兴，陈胜王"。平素就迷信的农民以为这一切完全是"天意"，在他们心目中，陈胜俨然是个颇具传奇色彩的真命天子了。

楚汉之争

　　汉王听取张良、陈平的计策，楚汉双方以鸿沟为界，鸿沟以东归楚，鸿沟以西归汉。双方各守疆土，互不侵犯，停止争战。其实这只是一个缓兵之计。刘邦组织了韩信、彭越、英布三路人马一齐会合，由韩信统领，追击项羽。楚、汉双方一场真正的决战就此正式开始了。

　　公元前206年8月，汉王和韩信率领汉军攻打关中。关中的百姓对"约法三章"的汉王本来就怀有好感，汉军一到，士兵们大多不愿抵抗。因此不到三个月的工夫，关中地区就成了汉王的地盘。

　　这时东边出了事，齐国的田荣起兵轰走了项羽所封的齐王，自立为王，那里的情况比西边更严重。项羽只好先去对付齐国，派兵去镇压田荣。汉王刘邦趁项羽和齐国相持不下的时候，一直向东打过来，攻下了西楚霸王的都城彭城。项羽又不得不扔了齐国那一头，率领大军赶回来，在睢水上跟汉军打了一仗。打到最后，汉军大败，汉王的父亲太公和妻子吕后也被楚军俘虏了。

　　汉王无奈，退到荥阳、成皋一带。这时候，萧何从关中调来一支军队来支援汉王，韩信也带着军队来见汉王，汉军这时才又重新振作起来。项羽的谋士范增劝项羽出兵把荥阳迅速攻下来，汉王知道后十分着急。正巧，他有个谋士陈平原来是从项羽那边投奔过来的，陈平向他献了一条计策来离间项羽和范增的关系。

项羽是个猜忌心很重的人，正中了汉王的反间计，真的对范增怀疑起来。范增十分气愤地离去了。

范增离开荥阳，一路上又气又伤心，就害了病，他还没有回到彭城，就由于脊背上长了毒疮不幸死去。

楚营里再没人替霸王出主意献计策，汉军受到的压力也减轻了。于是汉王继续用少数兵力在荥阳、成皋一带牵制项羽的兵力，让韩信继续攻取北边以及东边，又叫将军彭越在楚军后方截断楚军的运粮道路，使项羽的军队不得不来回奔波作战。汉王牢牢地控制住了楚军。

公元前203年，项羽决定亲自带兵去攻打彭越，把手下将军曹咎留下来守住成皋，再三嘱咐他固守城池，千万不要跟汉军交战。

汉王见项羽一走，很快就向曹咎挑战。一开始，曹咎说什么也不出来与汉军交战，汉王就叫兵士成天隔着汜水（流经荥阳西）朝着楚军大营辱骂挑衅。

汉军一连骂了几天，曹咎实在沉不住气了，就决定率领守军渡过汜水，和汉军拼个你死我活。

楚军大败。曹咎见兵败如山倒，觉得没有脸再见项羽，拔剑在汜水边自杀了。

项羽在东边打了胜仗，一听成皋失守，曹咎自尽身亡，又急忙率军赶到了西边对付汉王。在广武，楚汉两军又对峙起来。

项羽叫汉王从军营里出来，两个人在阵前对话。汉王当面数落项羽的十大罪状，劈头盖脸地诉说他不讲信义、杀害

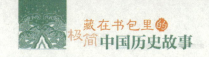
义帝、屠杀百姓等伤天害理的事。项羽听着不由得发了火，用戟向前一指，后面的弓箭手一齐向汉王放箭。汉王赶快回马，但胸口已经中了一箭，受了重伤。

项羽听说汉王没有死，大失所望。接着，韩信在齐地大败楚军，楚军的运粮道又被彭越截断，粮草越来越少，楚军几乎陷入了绝境。项羽一时感到进退两难，愁眉不展。

汉王本来重伤在身，就趁项羽正在为难的时候，派人跟项羽讲和，要求把太公、吕后放回来，并且建议楚汉双方以鸿沟为界，鸿沟以东归楚，鸿沟以西归汉。双方各守疆土，互不侵犯，停止争战。

项羽综合分析了一下现今的形势、军事力量对比，又权衡了分界的利弊，认为这样划定"楚河汉界"还不错。于是就同意了汉王讲和的条件，然后又放了太公、吕后，接着把自己的人马带回彭城。

历史聚焦 LISHI JUJIAO

楚军的粮食给养接应不上。项羽没法子，就想出一计，令兵士把汉王的父亲绑了起来，放在宰猪的案上，派人向汉王大声吆喝："刘邦如果还不快投降，就把你父亲宰了。"

汉王知道项羽是在用计吓唬他，镇定地回答说："我跟你曾经结为兄弟，我的父亲也就是你的父亲。你要是把父亲杀了煮成肉羹，请分给我一碗让我也尝尝味道。"

西汉

　　西汉（公元前 202 年—公元 25 年），又称前汉，与东汉（后汉）合称汉朝，是继秦朝之后的第二个大一统封建王朝。共有 14 个皇帝，历经 211 年。

西汉帝系表

帝王	年号 / 在位时间	公元
高帝（刘邦） 惠帝（刘盈）	（12） （7）	前 206 前 194
高后（吕雉）	（8）	前 187
文帝（刘恒）	（16） （后元）（7）	前 179 前 163
景帝（刘启）	（7） （中元）（6） （后元）（3）	前 156 前 149 前 143
武帝（刘彻）	建元（6） 元光（6） 元朔（6） 元狩（6） 元鼎（6） 元封（6） 太初（4） 天汉（4） 太始（4） 征和（4） 后元（2）	前 140 前 134 前 128 前 122 前 116 前 110 前 104 前 100 前 96 前 92 前 88

帝王	年号/在位时间	公元
昭帝（刘弗陵）	始元（7） 元凤（6） 元平（1）	前86 前80 前74
宣帝（刘询）	本始（4） 地节（4） 元康（5） 神爵（4） 五凤（4） 甘露（4） 黄龙（1）	前73 前69 前65 前61 前57 前53 前49
元帝（刘奭）	初元（5） 永光（5） 建昭（5） 竟宁（1）	前48 前43 前38 前33
成帝（刘骜）	建始（4） 河平（4） 阳朔（4） 鸿嘉（4） 永始（4） 元延（4） 绥和（2）	前32 前28 前24 前20 前16 前12 前8
哀帝（刘欣）	建平（4） 元寿（2）	前6 前2
平帝（刘衎）	元始（5）	公元1
孺子婴（王莽摄政）	居摄（3） 初始（1）	6 8
（新）王莽	始建国（5） 天凤（6） 地皇（4）	9 14 20
更始帝（刘玄）	更始（3）	23

　　西汉（公元前206年—公元25年）是我国第一个统一强盛的帝国。在西汉统治的二百余年历史中，通过一系列的政治、经济改革，使国力强盛、人民安乐，呈现出一派太平盛世的景象。在此期间，中国一直以世界强国的面目屹立于世界之林。

　　秦末年，项羽、刘邦拥立楚怀王与秦朝抗争。经过几年的征战，刘邦、项羽争夺天下，项羽废怀王自立为西楚霸王，分封天下土地于王侯数十人，其中刘邦被封为汉王，都南郑。但刘邦并不甘心居于项羽之下，在谋士张良、萧何、大将军韩信等人的帮助下，于公元前202年击败项羽，登临帝位，国号汉，定都长安，是为汉高帝。

　　西汉时期汉族文化正式成行，同时也是中国的黄金时代，中国文化发展的一个高峰。社会经济文化全面发展，文学、史学、艺术和科技等领域的成就辉煌灿烂，对外交往的日益频繁，成为当时世界首屈一指的强国。西汉出土文物种类丰富，展现出多姿多彩的时代风貌。

刘邦诛杀异姓王

汉高祖的伤情越来越重，临死前，他带领大臣到太庙杀马宣誓："从今以后，凡不是刘姓不许封王，凡是无功之人，不许封侯。"

韩信彻底消灭楚军之后，韩信带头，群臣共同上疏，推举刘邦称帝。

公元前202年2月，刘邦举行了隆重的仪式，正式做了皇帝，后世称他为汉高祖，建立了汉朝，历史上称西汉。刘邦建都洛阳，后又建都长安。

刘邦得了天下称帝后，就想废了这些异姓王。在这几个异姓王中，他便把目标瞄准了燕王臧荼。燕王有一定的实力，但又不是很大，而且对刘邦也有些不满。刘邦借口臧荼谋反，亲自率兵征讨。燕王实力毕竟弱小，成了俘虏。刘邦没有杀他，只是把他囚禁起来。刘邦让自己的同乡好友卢绾去管辖那一带，并封他为燕王。

公元前201年，汉高祖刘邦听说韩信收留了项羽的大将钟离眜，十分生气，他怕韩信和钟离眜勾结在一起造反。刘邦以游玩为名带领着亲信部队来到韩信的封地。韩信一看刘邦前来，而且又带了军队，心里十分矛盾，韩信想起兵造反，可又怕万一不成功，既落得罪名，又招来杀身之祸。如果不去拜望刘邦吧，又怕刘邦怪罪，说自己目中无君，根本不把皇上放在眼里。如果去拜望吧，又无法带军队，如果刘邦翻脸，把自己除掉，可就只能命归西天了。

　　一位老臣说道："钟离昧乃项羽的大将，你将其收留，汉高祖以为你要造反。你不如提着钟离昧的人头去见汉高祖，那样就可以消除他的疑虑，您也就可以平安无事了。"

　　韩信听完便去找钟离昧。钟离昧哈哈大笑，说道："韩将军，是不是想要我钟离昧的人头啊？我可以给你，但是你若把我的人头交给刘邦，他也不会放过你的！"

　　韩信道："汉高祖不会那样不讲情义吧？"

　　钟离昧大怒道："当初我投奔于你，觉得你是个英雄，今日一见，太令我失望了。刘邦若讲情义，他会乌江逼死项羽，找借口杀燕王？你小心自己的脑袋吧！"

　　说着，钟离昧拔剑自刎，韩信割下了他的人头，带着它去见汉高祖。汉高祖一看见钟离昧的人头，很是高兴，过了

● 汉高祖刘邦

一会儿，脸就变了，说道："来人啊，将韩信绑起来。我怀疑你要造反，我要把你押到洛阳亲自审问。"

韩信被装上囚车，押送洛阳。路旁站着许多百姓，他们一看是韩信，都议论纷纷："韩将军怎么啦？韩将军不会犯罪吧？"

汉高祖把韩信带到洛阳，他考虑到自己刚刚继位，如果杀了韩信，会有许多人不服气，所以又放了韩信。可韩信最终还是没有逃过一死，后来吕后将韩信骗入未央宫将他杀死。

韩信、彭越都被杀害，淮南王英布不想束手就擒，就起兵造反。刘邦亲自带兵镇压，英布寡不敌众，最后战死在战场上，但是刘邦在这次战争中被射了一箭，伤势很重。

7个异姓王，只有长沙王吴芮幸免于难，原因是他的势力太弱小了。到了汉文帝时，由于长沙王没有了后代，其封号也被除去。

刘邦用了7年时间，削平了异姓王国，巩固了西汉政权，但是他不讲信用，把有功之臣都杀死了。在这一点上，他失去了人心。

历史聚焦 LISHI JUJIAO

公元前195年，卢绾密谋起兵造反，结果被刘邦得知。刘邦派樊哙去攻打燕国，卢绾敌不过樊哙，只好带着自己的一部分人马逃命。他逃到了赵王那里，赵王没敢收留，他又万般无奈地逃到了匈奴那里。

大将军霍去病

> 霍去病是河东郡平阳县人，他父亲是平阳县的一个衙役，舅父是当时的将军卫青。霍去病出生在平阳公主府里，从小生活在奴婢群中，生活很苦。霍去病志向远大，十六岁的时候，武艺已经十分出众，善于骑射，勇敢顽强。他被汉武帝看中了，于是汉武帝派他做了保卫皇帝安全的侍中官。

公元前 123 年，大将军卫青奉命出征匈奴，汉武帝封霍去病为校尉，带领八百名最精锐的骑兵去协同卫青作战。

霍去病带领八百名骑兵，向北快马加鞭追了一阵，一路上没瞧见匈奴士兵。但是霍去病没有泄气，带领骑兵一直追了几百里路，才远远看见匈奴的军营。他带领骑兵偷偷地绕道抄过去，得胜而归。卫青在大营帐中正等得着急，他担心霍去病第一次带兵打仗，不知胜负如何。等到霍去病安然无恙归来，卫青提着的心终于放下了。年仅十八岁的霍去病，第一次参加对敌作战，就立了大功，战斗结束后，被汉武帝封为冠军侯。

公元前 121 年春天，汉武帝任命霍去病为骠骑将军，率领精锐骑兵一万多人，进攻匈奴并夺取河西走廊。他们在燕山一带转战了六天，与匈奴兵周旋激战，后来匈奴兵抵挡不住，连连向后败退，霍去病带领骑兵追击了一千多里，摧毁了匈奴建立的浑邪、休屠等属国，又杀死了匈奴的折兰王和卢胡

王及其兵将共八千多人，生擒了浑邪王的王子和许多官吏。这样，霍去病就收复了好多失地。

这一年夏天，为了彻底根除匈奴的侵犯，汉武帝又令霍去病率领的部队和公孙敖率领的部队配合作战。霍去病随机应变，带兵横越沙漠，顶风冒雪，决心与敌人奋战到底。他派人探明了匈奴兵的活动规律，奋勇作战，直捣敌人的心脏，结果消灭匈奴兵三万多人，俘虏匈奴酋涂王及其官吏兵将几千人，还受降了匈奴兵将几千人。

匈奴屡屡失败，内部便发生了激烈的分化，匈奴的力量大大削弱了，这是霍去病的又一件大功劳。经过霍去病的两次攻击，匈奴失去了好多土地，但他们仍贼心不死，在退回漠北以后，仍不断骚扰侵犯汉朝北部边境。

汉武帝元狩四年，经过精心备战，卫青、霍去病各领兵五万，又一次奉命深入漠北，出征匈奴。霍去病担任这

● 霍去病雕像

次战役的主攻任务，目标是攻击居住在狼居胥山的匈奴主力。卫青率兵则从侧翼牵制匈奴兵力，配合作战。霍去病大胆利用投降过来的匈奴人，让他们组成先头部队在前面开路。他们从代郡向北推进两千多里，越过了涉离侯山，渡过弓闾河，以迅雷不及掩耳之势，向狼居胥山的匈奴发起猛烈进攻。汉军个个奋勇杀敌，最后终于打败匈奴的左贤王，夺得了敌人的粮草，补充了自己的给养。经过激烈的战斗与抗争，俘虏匈奴屯头王、韩王，以及将军、相国、都尉等八十三人，歼灭匈奴兵七万多人。最后由霍去病亲自主持，在狼居胥山举行了封山仪式，祭告了天地，悼念了为国捐躯的战士，犒劳了立功的英雄，还立了石碑留作纪念，然后班师回朝。此次战役汉军大获全胜，匈奴几乎全军覆没。匈奴由于主力被击溃，便再也无力南渡沙漠。

　　这是汉朝规模最大、进军最远的一次追击。从那以后，匈奴撤退到大沙漠西北，沙漠南面就没有匈奴的王庭了。自此，西汉王朝抗击匈奴的战争基本上告一段落。

历史聚焦 LISHI JUJIAO

　　公元前117年，年仅二十四岁的霍去病不幸病逝。为了表示对他的哀悼和对他生前功勋的纪念，汉武帝为他举行隆重的葬礼。霍去病从十八岁首次出征到二十四岁病故的短短六年中，曾六次出击匈奴，取得了很大战功。他不贪图享受，公而无私，永远值得后人称道。

司马迁著《史记》

《史记》文笔优美，叙事生动，是历代学习散文的典范教材。《史记》也很严谨，不为权贵隐讳，开创了纪传体的体例，成为后代"二十四史"中的经典著作。现代文学家鲁迅说它是"史家之绝唱，无韵之离骚"，就是指它无论史学性还是文学性，都是无与伦比的。

司马迁，字子长，公元前145年生于左冯翊夏阳县（今陕西韩城县南）。他的父亲司马谈是西汉朝廷的太史令。在父亲的严格教育下，司马迁10岁左右就能流利地诵读《左传》《国语》等先秦史书，十八九岁的时候又师从当时的大儒董仲舒和孔安国学习。

俗话说"读万卷书，不如行万里路"。司马迁并不满足于书本中得来的知识，从20岁起，他开始踏遍大江南北，探访前人所留下的遗迹。司马迁从长安出发，出武关（今陕西商县东），经南阳（今河南南阳县）至南郡（今湖北江陵县）渡江，到了长沙的汨罗县，参观当年楚国诗人屈原自沉的地方。而后从长沙溯湘江而上，考察了古代传说中舜南巡死葬的九疑山（今湖南宁远县境），又顺沅江而下，东浮大江，南登庐山，考察大禹治水的遗迹。

游历了江南之后，司马迁渡江北上，首先到达淮阴（今江苏淮阴县东南），向当地父老请教汉初大将淮阴人韩信的故事，然后渡过淮水，到鲁（今山东曲阜）去感受孔门遗风。

之后他先后游览了秦始皇东巡郡县曾到过的峄山，西楚霸王项羽建都的彭城（今江苏徐州市），刘邦起兵的沛县（今江苏沛县东）。

司马迁这一次长途跋涉，考察了历史遗迹，了解了许多历史人物的遗闻逸事和民情风俗，开阔了眼界，扩大了胸襟。

二十五六岁的时候，司马迁因为才华出众受到武帝赏识，入仕为郎官。并于公元前111年秋后，奉武帝之命出使巴蜀以南，视察安抚西南少数民族地区。当他第二年正月从西南回来时，才发现父亲司马谈已经病危。司马谈在病榻上握着司马迁的手流泪说："自从孔子传道以来四百余年，诸侯自相兼并，史书废绝。现在海内一统，贤者众多，我做太史令却也没能著书记载，以致天下史文缺失，深愧于心，你一定要记挂着这事啊。"司马迁流泪答应了父亲的要求。

公元前108年，司马谈逝世后的第三年，司马迁果然做

◉ 司马迁祠

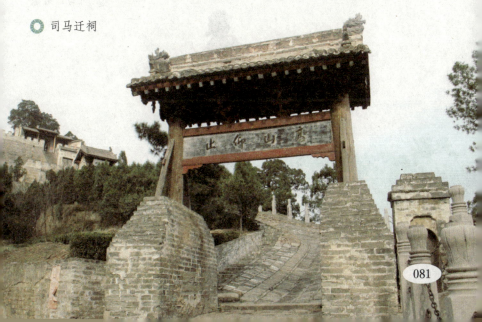

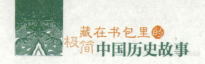

了太史令，并在此后两年里参与了太初历的制定。太初历完成之后，他把大部分的精力都投入史书的著述中去。

就在司马迁呕心沥血地为自己的理想奋斗的时候，一场大祸却向他靠近了。公元前99年，汉武帝的亲戚贰师将军李广利率领3万骑兵在祁连山进攻匈奴右贤王。武帝知道自己的亲戚没什么大本事，又派了将军李陵（李广的孙子）率领5000步兵进袭居延海以北大约一千里的地方，想分散匈奴人的兵力，让李广利打个漂亮的胜仗。结果李陵率领的汉军被匈奴单于的8万骑兵所包围，血战8天，军队弹尽粮绝，救兵无望，李陵仰天长叹说："我没脸面去回报皇帝了！"于是就投降了匈奴。

单于因为平素就听说过李陵家的名声，就把自己的女儿嫁给李陵。这个消息传回汉朝后，恼羞成怒的汉武帝下令杀

○ 司马迁雕像

了李陵全家。司马迁看不惯满朝大臣落井下石的丑态，也为老将军李广的后人遭此待遇而不平，就上书为李陵辩白，称李陵投敌是罪无可恕，但情有可原，李陵一定是想忍辱偷生，找机会再报答国家。可这时的武帝已经听不得不同意见，他把司马迁的直言当成了对自己偏袒李广利的影射，就将司马迁下狱，定为死罪。

武帝时代犯死罪的人，除了俯首受诛外，根据两条旧例可以免死：一条是拿钱赎罪；一条是受宫刑。司马迁官小家穷，只能在死与受宫刑之间做出选择。这时是公元前99年，司马迁的史书还未写就。最终他决定，为了完成著史的工作，宁可忍受宫刑的屈辱。

司马迁出狱后，做了中书令，以宦官身份在内廷侍候武帝。这时他官位比太史令尊显，但司马迁除了坚持他的著述工作以外，对朝廷内外的一切事务，已经毫无兴趣了。

历史聚焦 LISHI JUJIAO

司马迁的著述，大致于公元前93年完成。这本书下笔质直，不虚美，不隐恶，因此触怒了武帝，被汉武帝将其中指斥朝政最多的《景帝本纪》和《今上本纪》（汉武帝自己的本纪）削去，又寻事将司马迁下狱处死。武帝死后，朝野对武帝在位时的政策进行了全面的反思，这时司马迁的《史记》才由他的外孙杨恽传播出去，很快享誉全国。

张骞出使西域

汉初以来，北方匈奴的势力很强大，不仅奴役着西域几十个小国，而且还经常骚扰西汉的北部、西北部边境，使边地的社会生产遭到很大的破坏，人民的生活不得安宁。汉初，西汉政府对匈奴采取"和亲"政策，汉武帝即位以后，由于汉朝经济的发展，国力空前雄厚，于是决定进行一次反击匈奴的战争。

汉武帝刘彻为了征讨匈奴更有把握，详细询问了一些投降过来的匈奴人，从他们那里了解了很多匈奴的详细情况。汉武帝心想：月氏国在匈奴的西面，又与匈奴有深仇大恨，正好去联络他们，共同出兵攻打匈奴，这样做就等于砍掉了匈奴的右臂，胜利就大有把握了。于是汉武帝下了一道诏书，在全国招募精明强干的人，出使西域去联络月氏。月氏既然在匈奴的西面，要到月氏去必须经过匈奴。胆小的人听到这个使命，吓得吐吐舌头，哪里敢来应征。

汉武帝建元三年，汉武帝正式任命张骞为使者，堂邑父跟随着当翻译，还有其他应征的人，组成了一百多人的队伍。在众多长安人民和朝廷文武官员声声"珍重"的送别中，张骞和他的随员们，跨上战马，驱赶着满载行李、礼物的驼群，开始了艰苦而伟大的西域之行。

张骞他们一出陇西，就碰上了匈奴兵，双方交手打了起来。因为寡不敌众，大部分随员牺牲了，他和堂邑父等人被匈奴人俘虏了。匈奴单于知道了张骞一行人是到月氏国去的，非常生气，便下令把张骞他们软禁起来，不过他对张骞还很优待，嫁给他一个匈奴女人，让他在匈奴享乐。可是张骞心里一直怀念着汉朝，时刻不忘自己的使命，等待机会逃走。

过了几年，张骞和堂邑父终于找到了机会，弄到两匹好马，在一个漆黑的夜晚偷偷逃出匈奴，继续往西走去。一路上历尽千辛万苦，好不容易才到了大宛国。大宛国王早就听说过东方有个又大又富庶的汉朝，老早就想同汉朝拉关系，可是一直都找不到门路，这次见到张骞的到来非常高兴，他不仅

● 张骞雕像

用好酒好菜招待他们，还派骑兵和翻译，送张骞和堂邑父到了康居，再请康居人送他们到月氏国去。

当时，月氏国王被杀害以后，国王的夫人被拥立为王，率领民众西迁到了大夏国境内，并改名为大月氏国，定居在妫水一带。他们的生活十分安乐，就把报仇的事忘了。张骞来到这里后，几次向大月氏国王陈述汉朝想和他们联合共同抗击匈奴的意思，但是都没有得到正面答复。张骞在那里住了一年多，由于达不到目的，只好往回走。

他们没想到在回来的路上再次被匈奴人捉住了，又被软禁了一年多。由于匈奴发生内乱，他们才趁机逃出来，回到

张骞墓

了汉朝首都长安。他们这次出使西域，一共花了十三年时间。张骞这次出使月氏，虽然没有达到预期的目的，但是他到了大宛、康居、大月氏、大夏等许多地方，了解到那里的风土人情。这些国家物产丰富、景色秀丽。他在大夏国的时候，还看到了那里有汉朝四川出产的筇竹杖和细布，还打听到这些东西是从身毒国带来的。

过了两年，汉武帝派张骞做正使，带领副使和将士三百多人，带着许多金银、绸缎和牛羊，再次出使西域。由于这时汉朝已击败了匈奴，河西走廊已被汉朝控制，张骞一行人非常顺利地到达了西域。张骞到了乌孙后，把副使分别派往大宛、康居。

历史聚焦 LISHI JUJIAO

月氏为公元前 3 世纪至公元 1 世纪一个民族的名称。早期以游牧为生，住在北亚，并经常与匈奴发生冲突，其后西迁至中亚。这时，月氏开始发展，慢慢具有国家的雏形。由于大月氏位于丝绸之路，控制着东西贸易，使它慢慢变得强大。到后来被匈奴攻击，一分为二：西迁至伊犁的，被称为大月氏；南迁至今日中国甘肃及青海一带的，被称为小月氏。

昭君出塞

王昭君在汉朝和匈奴官员的护送下，离开了长安，冒着无尽的风沙来到了南匈奴的腹地。呼韩邪单于对于年轻美貌的妻子宠爱有加，将昭君封为"宁胡阏氏"，希望昭君能带来匈奴人渴望已久的和平生活。王昭君不但为呼韩邪单于生育了一个叫伊屠智牙师的王子，还帮助呼韩邪单于发展生产。

汉宣帝（公元前91年—前49年）时期，匈奴大小诸王并立，先后出现了五位单于，他们互相攻击，掠夺牛马和人口，整个匈奴陷入了内战的旋涡。当时五位之中势力最强大的是郅支单于和呼韩邪单于，经过连番激战，呼韩邪单于战败，只得向西南方向退却。

　　此时的呼韩邪接受了部下左伊秩訾王的建议，向汉朝称臣，打算引汉朝为外援对抗郅支单于。公元前52年，呼韩邪单于亲自到汉朝朝贺。宣帝调拨了数万骑兵作为礼仪卫队迎接呼韩邪，并为呼韩邪在长安甘泉宫举行了盛大的宴会。呼韩邪向宣帝请求兵力和物资上的援助，宣帝一一答应，派长乐卫尉、高昌侯董忠率领一万六千骑兵帮助呼韩邪征讨，又将三万四千斛粮食赠予之。至此，呼韩邪单于对汉朝政府感恩戴德，一心和汉朝交好。

　　公元前33年，呼韩邪单于再次入朝。这次呼韩邪期盼着和汉朝进一步密切关系，就向元帝提出了和亲的请求，元帝也愉快地答应了呼韩邪的请求。元帝要从自己后宫中挑选五位佳丽给呼韩邪，只有王昭君自告奋勇地报了名。就在呼韩

◉ 昭君故里

邪告辞的宴会上，元帝让王昭君出来与呼韩邪单于见面。呼韩邪自然是喜出望外，汉元帝则是后悔得要命，心里打算反悔，又觉得为了女色而失信于人实在有损名声，只好眼睁睁地看着王昭君跟随呼韩邪单于去了遥远的大漠。

　　从那时起，匈奴人学会了使用从汉朝传入的生产工具，逐渐发展了农业生产，不再到汉朝边境来抢劫粮食了。呼韩邪单于去世后，按照匈奴人的礼俗，昭君要嫁给呼韩邪单于大阏氏的长子。尽管这并不符合中原汉族的伦理观念，但昭君还是遵从了元帝"从胡俗"的敕令，嫁给了呼韩邪的长子，后来又先后生下了两个女儿。自从昭君出塞后，汉匈和睦共处，有六十多年没发生战争，长城内外出现了"剑戟归田尽，牛羊绕塞多"的和平景象。

历史聚焦 LISHI JUJIAO

　　呼韩邪单于（？—公元前31年），西汉后期的匈奴单于。公元前58—公元前31年在位，名稽侯珊，虚闾权渠单于之子。他是第一个到中原来朝见的匈奴单于，因迎娶王昭君而广为人所知。

东汉

东汉（公元25年—220年）是中国历史上的一个大一统的朝代。东汉又称后汉，乃为区别于西汉之前汉。东汉的首都洛阳被称为东京，因此又以东京为东汉的代称。共有十二帝，历经196年。

东汉世系图

帝王	年号 / 在位时间	公元
光武帝（刘秀）	建武（32） 建武中元（2）	25 56
明帝（刘庄）	永平（18）	58
章帝（刘炟）	建初（9） 元和（4） 章和（2）	76 84 87
和帝（刘肇）	永元（17） 元兴（1）	89 105
殇帝（刘隆）	延平（1）	106
安帝（刘祜）	永初（7） 元初（7） 永宁（2） 建光（2） 延光（4）	107 114 120 121 122

帝王	年号/在位时间	公元
顺帝（刘保）	永建（7） 阳嘉（4） 永和（6） 汉安（3） 建康（1）	126 132 136 142 144
冲帝（刘炳）	永熹（1）	145
质帝（刘缵）	本初（1）	146
桓帝（刘志）	建和（3） 和平（1） 元嘉（3） 永兴（2） 永寿（4） 延熹（10） 永康（1）	147 150 151 153 155 158 167
灵帝（刘宏）	建宁（5） 熹平（7） 光和（7） 中平（6）	168 172 178 184
献帝（刘协）	初平（4） 兴平（2） 建安（25） 延康（1）	190 194 196 220

朝代简介

　　东汉王朝（公元25年—公元220年）由汉光武帝刘秀建立，他推翻了王莽所建立起的新王朝，重新恢复由刘氏统治的汉王朝，史家称此汉朝为东汉。

　　新莽末年爆发绿林赤眉起义，汉朝宗室出身的刘秀趁势而起。公元25年，刘秀称帝，定都洛阳，仍沿用汉的国号，并息兵养民开创了"光武中兴"。东汉时，三公权力被大幅削弱，尚书台权力得到提升。汉明帝和汉章帝在位期间，东汉进入全盛时期，史称"明章之治"。在汉章帝后期，外戚日益跋扈，汉和帝继位后扫灭外戚，亲政后使东汉国力达到极盛，时人称之为"永元之隆"。

　　中后期太后称制、外戚干政，幼年继位的幼君多借助宦官才能亲政，史称"戚宦之争"，朝政日益腐败，而豪强势力大肆兼并土地。184年爆发黄巾之乱，朝廷令各州郡自行募兵，方将民变基本平定，却导致地方豪强拥兵自重。190年，董卓之乱又起，自此汉廷大权旁落，揭开了东汉末年军阀混战的序幕，东汉政府名存实亡。

刘秀建东汉

> 刘秀即光武帝，都城洛阳，为了和刘邦建立的汉朝相区别，历史上就把刘秀建立的汉朝称为"东汉"或"后汉"，刘邦建立的汉朝称为"西汉"。

皇帝杀害了刘和，刘秀听说自己的哥哥被杀了，他知道自己的力量太弱，敌不过刘玄，就马上赶到宛城（今河南南阳市），向更始帝刘玄赔不是。他完全和平时一样，好像根本就没有什么忧伤。

这样一来，更始帝反倒有点儿过意不去，他封刘秀为破虏大将军，但不予重用。公元23年，更始帝迁都洛阳，修理宫殿。刘秀的秘密却被他的心腹冯异发现，冯异曾经在跟刘秀谈话的时候，发现刘秀的枕头湿了一大片，明白刘秀忍辱负重，是在寻找创建大业的机会。

为了安抚河北，更始帝派刘秀带着少数兵马，离开洛阳，刘秀终于得到一个摆脱困境的机会。

刘秀到了河北以后，就废除了王莽的严刑苛法，释放囚犯，平反冤狱，很得民心。刘秀还招兵买马，扩充实力。当时河北一带有不少割据势力，有一个卖卜人王郎，冒充汉成帝的儿子，被拥立为皇帝。刘秀杀了王郎，搜到了各个郡县的官吏和豪强私通王郎、毁谤刘秀的信件几千封。刘秀看也不看，就当着大家的面都烧了，说："让那些睡不着觉的人安心吧！"

公元25年，刘秀在部下的推举下称帝，这就是汉光武帝。

这时，更始帝刘玄已经定都长安，他整天吃喝玩乐，大臣们找他商议事情，他都因为醉酒而无法商谈。他大封宗室，还纵容手下的士兵抢劫，引起百姓的不满。

樊崇率领20万赤眉军来攻打长安。更始帝的军队连打了好几个败仗，急得更始帝不知怎么办才好。有的将领劝他暂时离开长安，更始帝反而杀了他们。王匡等将领索性率部下投奔了赤眉军。

赤眉军顺利地攻下长安，推翻了更始皇帝刘玄。他们要立一个新皇帝，但摆脱不掉正统观念，所以就立一个15岁的放牛娃刘盆子为皇帝，因为据说他的血统跟西汉皇族最为接近。

赤眉军进了长安以后，富商和地主囤积粮食，长安发生了饥荒，天天有人饿死。

樊崇没有办法，只好率军西进，但是，西边的粮食也很难找到，

● 刘秀雕像

　　而且还受到地主豪强势力的拦击。赤眉军又掉转头来，向东走。

　　这时，刘秀已经占领了洛阳，他最强劲的对手就算赤眉军了。他一听说赤眉军向东转移，就调兵遣将，设下埋伏。还让自己的士兵冒充赤眉军的汉兵大叫："投降！投降！"赤眉军军心大乱，汉军乘机解除了他们的武装。这一战有8万多人投降。

　　樊崇突出重围，带着剩下的赤眉军十几万人，继续向宜阳（今河南宜阳县）方向转移。

　　冯异迅速报告了光武帝，光武帝亲自带领大军亲征。

　　赤眉军到达宜阳后又饿又累，根本就没有力量作战。可是等待他们的是光武帝亲自带领的大批精兵，光武帝指挥预先布置好的两路人马出击，把赤眉军包围起来。

◎ 刘秀墓

樊崇无奈，只得派人去谈判。刘秀答应不杀刘盆子和投降的赤眉军之后，樊崇就率领全军投降了。

刘秀下令赐给粮食，让十几万饥饿的赤眉军饱餐了一顿，安定了军心。刘秀又把刘盆子等人带回洛阳，分给他们土地房屋。但是没过几个月，就杀害了赤眉军的首领樊崇，除掉了心腹大患。

赤眉军失败后，刘秀统一了黄河中下游的广大地区，还削平了各地的割据势力。他派部将去攻打陇右的隗嚣和蜀地的公孙述，对他们说："你们打败隗嚣后，马上带兵南下进攻公孙述。唉，人就是不知足啊！已经平定了陇右，又想着要得到蜀地。"后来，这段话就演变成了"得陇望蜀"这个成语。

经过长期的战争，到公元40年，刘秀终于统一了全国。

历史聚焦 LISHI JUJIAO

王莽末年，天下大乱，刘秀亦于家乡起兵。昆阳之战后，刘秀于宛城迎娶阴丽华为妻。东汉建立后，阴丽华受封贵人。建武十七年（公元41年），皇后郭圣通被废，刘秀封阴丽华为皇后，共在位二十四年。永平七年（公元64年）正月二十日（3月1日），阴丽华崩逝，享年六十岁。二月初八，与刘秀合葬于原陵，谥号"光烈"。

班超通西域

班超征战西域22年，没动用中原军力物力，没烦扰边疆人民，使西域50余国称臣服汉，并且安定团结，这是很不易的。

公元73年，班超跟随大将窦固出击匈奴，他在军中任假司马（代理司马）之职，并且立了战功，窦固很赏识他的才能。为了更有效地抵抗匈奴，窦固想采用汉武帝时所用的方法，派人去联络西域各国，共同对付匈奴。于是，窦固就派班超和从事郭恂一起出使西域。班超一行首先来到鄯善（在今新疆维吾尔自治区南部）。鄯善王很热情地招待他们，非常恭敬周到。可是没过几天，鄯善王的态度忽然冷淡起来。

班超对部下说："一定是有北匈奴的使者前来，而鄯善王心里犹豫，不知所从。明眼人能够在事情未发生前看出端倪，何况事情已显著暴露！"

班超叫来服侍他们的鄯善人，出其不意地问他说："匈奴的使者来了几天了？住在什么地方？"仆人听了，大惊失色。

匈奴使者到来的消息，本来是瞒着班超的。那个仆人给班超一吓，以为班超已经知道这件事，只好老老实实地回答说："来了3天了，他们住的地方离这儿有30里地。"

班超把仆人扣押起来，又把36个随从召集到一起，和他们一同饮酒。饮到酣畅之时，班超借酒激怒众人。

班超说："不入虎穴，焉得虎子。如今可行的办法，只有乘夜用火进攻匈奴人，对方不知我们到底有多少人马，必定大为震恐，这样便可将他们一网打尽。除掉了北匈奴使者，那么鄯善人就会胆战心惊，我们便成功了。"

众人一致同意。到了半夜，班超带领部下，直奔匈奴使者的住处。

这天晚上刚好刮起了大风，班超吩咐 10 个人带着大鼓躲在匈奴的帐篷后面，20 个人手持弓箭，埋伏在营门两侧，自己和其余的 6 个人顺风放火。火一烧起来，那 10 个人就一起擂鼓，呐喊，其余的人就冲杀进去。

匈奴人从梦中惊醒，惊慌失措。班超身先士卒，率部下杀死了匈奴使者和 30 多名随从，其余人都被烧死了。

次日，班超叫来鄯善王，给他看匈奴使者的首级，鄯善全国震恐。班超将汉朝的国威和恩德告诉鄯善王，并说："从今以后，不要再同北匈奴来往。"鄯善王叩头声称："我愿臣属汉朝，没有二心。"于是将王子送到汉朝充当人质。

◎ 班超雕像

班超归来后，向窦固讲述了出使经过，窦固十分高兴，又派他出使西域。

班超还是带着他那 36 个人，一行穿过鄯善，又行千余里，来到于阗。

于阗王广德称雄于西域南道，但受匈奴人控制，对班超很冷漠。

于阗人相信巫术，有位巫师跟广德说："天神厌恶汉使，须杀汉使坐骑以泄怒。"广德急忙派人找班超要马匹。班超早听说了这件事，同广德派来的人说："愿奉马匹，然而必须由巫师亲自来取走。"巫师闻之，果然来了。班超一刀砍掉巫师首级，放入盘中，送给广德，借机对他进行谴责。广德随即杀死匈奴使者投降，于是西域各国全都派出王子到汉朝做人质。西域与汉朝的关系曾中断了65年，至此才恢复交往。

此后，班超一直在西域活动，在极端困难的条件下，争取西域各国同汉朝友好相处。班超曾给章帝写奏折，表明自己留在边塞光复西域，击败匈奴的决心。章帝读完很受感动，抚案道："这个勇入虎穴的班超啊，真是位大将军，班氏一家皆是千古奇才，朕有此臣，福之幸之。"

历史聚焦 LISHI JUJIAO

永元十四年，在妹妹班昭的努力下，和帝召班超回京。班超终于回到洛阳，被和帝封为射声校尉。那时，班超已得了胸疾，身体虚弱，加上旅途劳累，到京师后就病了。和帝还派太监给班超送过药。永元十四年九月，一代豪杰班超病逝，终年71岁。

蔡伦造纸

　　蔡伦改进的造纸术，最早传到东邻朝鲜，7世纪时又由朝鲜传到日本。大约在唐朝的时候，造纸术通过西域传到阿拉伯，12世纪以后再由阿拉伯传到欧洲，至16世纪时，纸张已流行于全欧洲，取代了传统的羊皮及埃及莎草等。16世纪后，造纸术又由欧洲传到北美洲，此后逐步流传到全世界。中国四大发明之一的造纸术，终于传遍了全世界，为世界文化的发展做出了重大的贡献。

　　历史上，中国人很早就有用纸的记载。《前汉书·赵皇后传》说，赵皇后的手提袋里藏有赫蹄书，可能就是一种薄纸。《三辅故事》记载：汉武帝生病时，卫太子去探视。可是卫太子鼻子很大，汉武帝素来讨厌大鼻子，于是，江充就让卫太子

○ 现代纸张

用纸遮住鼻子，进入内宫。

但是，造纸的记载一直不太明确。

到王充写《论衡》的时候，虽然已经有了粗糙的麻纸，但是还不适宜用于写字，他的书是写在竹简木牍上的。王充去世后不久，蔡伦改进了造纸术，造出了适合写字的纸。从此以后，纸、墨、笔、砚就成了中国人写字的主要文具用品，合称为"文房四宝"。文房四宝不是同一个时期发明的，它们的出现有早有晚。笔和砚出现较早，墨和纸出现稍晚，按出现的顺序排列，应该是笔、砚、墨、纸。

文房四宝出现以前，人们最初把字凿刻在龟甲兽骨上，这就是甲骨文。后来又把字铸在青铜器上，这就是金文，或叫钟鼎文。春秋时候，笔出现了，刀笔并用，把字刻或写在竹简木牍上。据说秦朝守长城的大将蒙恬改进了笔，做成了现在我们常见的毛

○ 蔡伦造纸

笔。随后，墨出现了。用砚磨墨，毛笔蘸了墨写字，就比用漆方便多了。但是用竹简木牍写字，不但体积庞大，占地方，而且非常笨重。于是，人们又把字写在绢帛上。秦汉时候，绢帛和简牍并用。绢帛虽然轻便，但是价格昂贵。这促使人们寻找一种像绢帛那样轻便而价钱又便宜的东西用来写字。西汉时候，已经出现了用麻造的纸。这种麻纸很粗糙，还不适于写字。在外国，则用埃及莎草、羊皮或贝多罗叶等。但这些材料没有一种赶得上纸，范晔在《后汉书·蔡伦传》记载，公元 2 世纪时，东汉宦官蔡伦于公元 105 年发明了纸，不过确切地说，可能是蔡伦改进了造纸术。

蔡伦字敬仲，湖南耒阳人，是东汉和帝刘肇至安帝刘祜时候的一位宦官。他为人正直，而且很有才学，汉和帝很信任他。

蔡伦又是善于发明创造的人。他看到写字用的简牍太笨重，绢帛太昂贵，而当时已有的麻纸又不适宜用于写字，就下决心一定要造出一种既便宜又便于写字的纸来。

经过无数次的试验，蔡伦终于改进了造纸术。

汉和帝元兴元年（公元 105 年），蔡伦改进造纸术的试验获得成功。蔡伦把自己改进造纸术的经过上奏和帝。和帝听了很高兴，叫蔡伦继续改进，扩大造纸的规模，造出更多更好的纸。蔡伦没有辜负汉和帝的信任，果然造出了更多更好的纸。在安帝的时候，蔡伦被封为龙亭侯，所以人们就把蔡伦造的纸叫作"蔡侯纸"。

蔡伦改进的造纸术得到推广后，过了一二百年，纸就已在我国成为唯一的书写材料，有力地促进了科学文化事业的发展。后来，造纸术又不断更新，扩大到用各种木本韧皮造皮纸，用竹类造竹纸，用稻麦秆造草纸，出现了用活动的帘床纸模捞纸。在加工技术方面也有改进，出现了各种著名的加工纸。如涂布纸、色纸、蜡笺、冷金纸等。纸的质量、产量逐渐提高，纸的用途和产地也不断扩大了。

造纸术的改进，对笔、墨、砚的要求提高了，使得笔、墨、砚也不断地有所改进，文房四宝之间形成了一种密切的关系。造纸术的改进，使写字变得容易了，著书写文章的人越来越多，文化更加飞速地发展起来。造纸术的改进，对于中国的书法艺术和绘画艺术也产生了极大的促进作用。东汉以前，中国已经有了一些书法家和画家。东汉以后，有成就的书法家和画家更多了。

历史聚焦 LISHI JUJIAO

汉代的造纸过程，根据我国科学工作者的模拟实验，大体是将原料先用水洗去污泥、杂质，再用草木灰水浸透并蒸煮，这个过程成为后世碱液制浆过程的基础。蒸煮后除去原料中的木素、果胶、色素、油脂等杂质，再用水洗，然后送去舂捣。捣碎后的纤维在水槽中配成悬浮的浆液，再用滤水的纸模捞取纸浆，滤水后晒干即成为纸。汉代劳动人民用简单的设备，从纺织品废料中制成植物纤维纸，确实是件了不起的事，是科学史上的一项卓越发明。

三国魏蜀吴

三国（公元 220 年—280 年）是中国东汉与西晋之间的一段历史时期，主要有曹魏、蜀汉、东吴三个政权。在赤壁之战中，曹操被孙刘联军击败，形成三国鼎立的雏形。

魏蜀吴世系图

帝王	年号 / 在位时间	公元
魏帝系表（公元 220 年—265 年）		
文帝（曹丕）	黄初（7）	220
明帝（曹叡）	太和（7） 青龙（5） 景初（3）	227 233 237
齐王（曹芳）	正始（10） 嘉平（6）	240 249
高贵乡公（曹髦）	正元（3） 甘露（5）	254 256
元帝（曹奂） （陈留王）	景元（5）	260
	咸熙（2）	264
蜀汉帝系表（公元 221 年—263 年）		
昭烈帝（刘备）	章武（3）	221
后主（刘禅）	建兴（15） 延熙（20） 景耀（6） 炎兴（1）	223 238 258 263

续表

帝王	年号/在位时间	公元	帝王	年号/在位时间	公元
吴帝系表（公元 222 年—公元 280 年）					
大帝（孙权）	黄武（8） 黄龙（3） 嘉禾（7） 赤乌（14） 太元（2） 神凤（1）	222 229 232 238 251 252	乌程侯（孙皓）	元兴（2） 甘露（2） 宝鼎（4） 建衡（3） 凤凰（3） 天册（2） 天玺（1） 天纪（4）	264 265 266 269 272 275 276 277
会稽王（孙亮）	建兴（2） 五凤（3） 太平（3）	252 254 256			
景帝（孙休）	永安（7）	258			

朝代简介

　　三国（公元 220 年—280 年）是上承东汉下启西晋的一段历史时期，分为曹魏、蜀汉、东吴三个政权。赤壁之战时，曹操被孙刘联军击败，三国鼎立已具雏形。

　　公元 220 年，曹丕篡汉称帝，国号"魏"，史称曹魏，三国正式开始。次年刘备在成都延续汉朝，史称蜀汉。222年刘备在夷陵之战失败，孙权获得荆州大部。223年刘备去世，诸葛亮辅佐刘备之子刘禅与孙权重新联盟。229年孙权称帝，国号"吴"，史称东吴，至此三国正式成立。

　　此后的数十年内，蜀汉诸葛亮、姜维多次率军北伐曹魏，但始终未能改变三足鼎立的格局。曹魏后期的实权渐渐被司马懿掌控。263年，曹魏的司马昭发动魏灭蜀之战，蜀汉灭亡。两年后司马昭病死，其子司马炎废魏元帝自立，建国号为"晋"，史称西晋。公元280年，西晋灭东吴，统一中国，至此三国时期结束，进入晋朝。

曹操的为官之道

曹操很有志向，想统一天下。公元208年，他率领20万大军与孙权和刘备的联军在赤壁展开了激战。结果孙刘联军火烧赤壁，曹操大败而归，仓皇逃回北方，从此不敢轻易南下了。三国鼎立的局面由此形成，天下分为魏、蜀、吴。

曹操能文能武，20岁便当上了洛阳北部尉。曹操当时的官职非常小，但他却非常认真负责，想干出一番大事业！

曹操不畏权贵，上任之时，便当众声明：有违令者，无论是谁，严惩不贷！

中常侍蹇硕的叔叔依靠自己的侄子胡作非为，百姓十分憎恨他，但没有办法，只好忍气吞声。有一次，他强抢民女，被曹操的手下捉拿归案，蹇硕的叔叔根本没把曹操放在眼里，到了衙门里，还是蛮横无理的样子。曹操大怒，命八王棍侍候，蹇硕的叔叔竟被活活打死。这下可气坏了蹇硕，但他也自知理亏，只好先忍了下来。

从此，曹操名声大振，没有几个人敢在他那里胡作非为，也正因为此，曹操得罪了朝中大臣。后来他因堂妹夫犯罪，被株连免职。

回家后，曹操的心仍在官场中。他四处活动，公元188年又被任命为典军校尉，奉命保护洛阳。

公元189年，汉灵帝归天，立长子刘辩为皇帝，其生母何太后临朝理政。于是外戚和宦官之间的斗争又重燃战火。

曹操从来都反对宦官专权，所以他站在外戚何太后一方。何太后的兄长是大将军何进，手握大权。曹操为何进提了许多建议，但何进优柔寡断，胆小怕事，没有听曹操的话，却轻信了袁绍的建议：召董卓进京武力诛杀宦官。

董卓，字仲颖，陇西临洮(今甘肃岷县)人。他在陇西一带广交朋友，培植自己的力量，又带兵镇压少数民族的起义，屡立战功，连连晋升官职，在陇西颇有名望。董卓野心勃勃，得知何进召他进京，立即快马加鞭，带领3000人马，直奔洛阳。

董卓进京之后，便开始了夺权行动。他先用武力废掉少帝刘辩，随后又杀掉刘辩及何太后，立陈留王刘协为帝，史称汉献帝。汉献帝只有9岁，大权都掌握在董卓一人手中，

◉ 曹操雕像

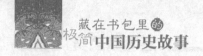
自称太师。

董卓通过各种手段拉拢朝中要员，又安排自己的亲信做了朝中大官。

曹操早已看出董卓之心，但他知道自己力量太弱小，无法与其抗衡。所以没有反对董卓，反而想方设法接近他，取得了董卓的信任，然后，曹操便做好了暗杀董卓的准备。

有一天，曹操手持宝刀来杀董卓。由于曹操深受董卓的信任，所以家人并未阻拦，曹操直接来到董卓的卧室，董卓正在休息。曹操刚想拔刀，董卓忽地一下从床上坐起，这可把曹操吓坏了。但曹操马上镇定下来，急忙跪倒在地，说道："丞相，我有一口削铁如泥的宝刀特意献给您。"

董卓也没有多想，接过宝刀一看，果然锋利无比。董卓很高兴，赏给曹操一匹宝马和许多财宝。

董卓的谋士李儒得知此事后，立即求见，对董卓说："丞相，曹操乃一奸雄，不可不防。我觉得他外忠内奸，很有可能行刺丞相！我们不如派人去召他回来。如果他回来，就立即杀了他，以免留下后患；如果他不回来，更证明他想行刺丞相，我们再派重兵追杀他，趁他没有能力与我们抗衡，我们一举除掉他。"

董卓觉得李儒的话很有道理，便点头答应，派人去召曹操见丞相。

曹操行刺没有成功，立刻骑上快马逃跑了。

曹操知道董卓会派兵追杀自己，所以一路之上不敢停留，一口气跑到了陈留。

陈留太守张邈非常佩服曹操，一见曹操来到，热情招待。曹操也不隐瞒，把事情的经过一五一十地讲了一遍。张邈对董卓也十分不满，对曹操说："我有几千人马，愿听你指挥！"这时曹操的好友卫兹得知曹操来到陈留，也赶紧来到太守府，来看望自己的好友曹操。三人达成一致意见，联合天下诸侯共同讨伐董卓。

后来，吕布怒杀董卓，曹操才撤回了军队。从此曹操招贤纳士，实行屯田，招兵买马，加强军事训练。

公元200年，占据今河北、山东、山西的袁绍率领10万大军攻打曹操。曹操只有很少的人马，但坚决与袁绍抗战，双方在官渡交手。袁绍轻敌，曹操使用计谋，以少胜多取得了官渡大捷。从此，曹操统一了黄河流域，兵力十分雄厚。

公元220年，一代枭雄没有完成统一大业，便去世了。

 历史聚焦 LISHI JUJIAO

曹操生性多疑，常恐别人暗中加害于他，所以常对侍从说："吾梦中好杀人；凡我睡着，汝等切勿近前。"一日，曹操昼寝于帐中，翻身时被子掉落于地，一近侍拾被欲盖，曹操突然跃起拔剑杀之，复上床睡。半晌醒来，惊讶道："谁人杀我近侍？"其他近侍以实相告，曹操痛哭，命人厚葬。众人皆以为曹操果真梦中杀人，唯行军主簿杨修明曹操之意，说："丞相非在梦中，而是汝等在梦中也。"

蜀主刘备

刘备脱离曹操，在谋士诸葛亮、庞统、法正，武将张飞、关羽、赵云等的辅佐下，最终也取得了自己的一块地盘，建立了蜀汉。英雄不问出处，卖草鞋出身的刘备也当上了皇帝。

刘备（公元162年—公元223年），蜀汉昭烈帝，蜀汉的建立者，汉室宗亲，乱世枭雄。他最先参加镇压黄巾大起义，此后，南征北战，势力不断扩大，最终三分天下有其一。

刘备字玄德，涿郡（今河北省涿县）人，陈寿《三国志》记载，他是汉景帝之子中山靖王刘胜的后代。刘胜的儿子刘贞曾被封为涿县陆城亭侯，后来因为违反礼制，触犯律令被削夺爵位，刘贞便在涿县定居，成了普通百姓。刘备的祖父、父亲都在州郡担任过官职。

刘备很小的时候，父亲就去世了。他和母亲相依为命，以贩鞋子、织草席为生，可以说是地位贫贱。那时候，刘备家东南角的篱笆墙边，长着一棵五丈多高的桑树，远远望去，桑树枝叶繁茂，如同车盖，人们都觉得这不是一棵普通的树，有人预言树下的人家要出贵人。刘备小的时候和小孩儿们在树下玩耍，说："我长大了，一定要乘坐和这棵树一样的带盖子的车。"他的叔父刘子敬训斥他说："你不要胡言乱语，这要带来灭门之灾的。"刘备15岁的时候，母亲让他外出游学，他和同族的刘德然、辽西人公孙瓒一起拜原九江太守、同郡人卢植为师。刘德然的父亲刘元起常常资助刘备，把他当作自己的儿子一样。刘元起的妻子很有意见，说："他又不是你儿子，你干吗对他那么好？"刘元起说："我族中难得出现这么个孩子，他可不是一般人啊！"

别看刘备家很穷，但他却带有贵族子弟的习气。他不太喜爱读书，喜欢养名狗，喜欢听音乐，喜欢穿华丽的衣服。刘备身高七尺五寸，双手垂下来能过膝，眼睛能看到自己的耳朵。他平时沉默寡言，尊重别人，喜怒不形于色，喜欢结交豪杰，同郡人争相归附他，为他所用。中山的大商人张世平、苏双等拥有万贯家财，他们结识刘备后，就认定刘备不是一般人，赠给他许多钱财，刘备就用这笔钱召集起了一支队伍。

● 桃园三结义

东汉灵帝末年，黄巾大起义爆发，刘备瞅准了机会，也参与到讨伐起义军的队伍中。这时，他认识了关羽、张飞二人，三人结为异姓兄弟。由于刘备是汉室宗亲，所以虽然关羽长刘备两岁，但仍尊刘备为兄长。镇压黄巾军后，刘备被封为安喜县尉。督邮因公来到安喜县，刘备上门求见，结果被拒之门外，刘备一怒之下闯入驿站，把督邮捆绑起来，痛打了二百杖，并将其系在官印上的绶带解下来，一头捆在马桩上，一头套在督邮的脖子上，然后弃官逃走。

后来，刘备辗转投奔了中郎将公孙瓒。这时，袁绍出兵攻打公孙瓒，刘备和田楷率军东移。也是陶谦年老，一时糊涂，本想讨好曹操而奉迎过路的曹操之父，没想到自己派遣护送的军队忽然哗变，杀死曹操之父，于是，曹操派大军征讨徐州，陶谦解释和抵抗无效，曹操进攻十余县，杀数十万人，江河为之不流。徐州牧陶谦派遣使者向田楷告急，田楷就和刘备一起出援。刘备手下只有千余士兵和少量骑兵，又从饥民中抓了几千壮丁。陶谦又调拨了四千丹杨兵补充给他，于是刘备离开了田楷，投靠了陶谦，驻扎于小沛。

陶谦不久病重，自己的儿子又都不成器，只好和幕僚商量继承人选。陶谦对糜竺说："只有刘备才能安定我们徐州。"陶谦死后，糜竺就带领徐州士人迎接刘备入主徐州。刘备推辞。下邳人陈登对他说："现在汉室衰微，天下大乱，大丈夫建功立业就在今日。徐州是富庶之地，人口过百万，希望您来掌管徐州事务。"刘备说："袁公路近在寿春，他们袁家四代中出了五位公卿，是天下人仰慕的名门之后，您可以把徐州事务交给他。"刘备的意见遭到所有人的反对。陈登答道："袁公路骄横恣肆，不是安定动乱的人物。现在，我打算为您招募十万步、骑兵，凭着这样的实力，您进可以匡复朝廷，拯救百姓，建立春秋五霸那样的功业。退一步也可以割地称雄，名垂青史。如果您不答应我们的请求，那么我们也就难以听从您的意见了。"北海相孔融对刘备说："袁公路怎会是忧国忘家的人，他不过是坟墓中的一把枯骨。当今的形势，百姓都拥戴贤能的人为主，您对上天赐予的徐州辞而不受，将来后悔可就来不及了。"这样，刘备接管了徐州，开始有了自己的第一块地盘。

建安元年，袁术率军来攻打刘备。刘备在盱眙、淮阳抵御袁术。曹操上表封刘备为镇东将军，封宜城亭侯。刘备与袁术相持了一个多月，吕布趁徐州空虚，夺取了下邳。刘备的妻子儿女都让吕布给俘虏去了，刘备率军转移到海

西，随后向吕布求和，吕布放还了刘备的家属。刘备派遣关羽镇守下邳。

刘备走投无路，只好投靠了曹操。曹操表奏刘备为豫州牧，所以人称刘备为"刘豫州"。

刘备对曹操只是表面上敷衍，心里总想发展自己的势力。曹操也看出来了。有一次，曹操与刘备青梅煮酒论英雄，曹操似乎不经意地说："当今的英雄，只有你和我。袁本初这样的人，根本不值一提。"刘备正在吃饭，听了这话大吃一惊，手中的筷子都掉到了地下。此时，正赶上一声霹雳，刘备赶紧把筷子捡起来，说："这都是打雷闹的。"曹操这才对刘备放松了警惕。

历史聚焦 LISHI JUJIAO

传说刘备的江山是哭出来的。陶谦三让徐州，刘备哭；三顾茅庐，刘备也是一把鼻涕一把泪才请出孔明；刘表让荆州，孔明也力劝他取，他却哭着说："我宁死，不做负心之事！"庞统劝他速取益州，他却说自己跟刘璋是兄弟，不忍心这样，后来不是也取了吗？他是个爱哭的人，哭到了江山，也哭着送了江山。为报仇，他不听孔明、子龙劝阻代吴，被陆逊火烧连营七百里，哭着就咽气了。

煮酒论英雄

　　中华民族的酒文化不论在什么时候都有着十分重要的意义，煮酒论英雄其实也不过是现在的酒后吐真言罢了，各自手中端着酒杯，口中说着酒话，一个想让对方说出真心话，一个说着酒话装糊涂，真可谓能人不自醉。

　　曹操联合刘备，大败吕布后以许都为根据地，发展自己的势力。刘备无处可去，前来曹操这里避难时，曹操手下的谋士程昱就说："主公，此人胸怀大志，他绝不会甘心位居人下的，我们要尽快斩草除根，以免放虎归山！"

　　曹操摇了摇头说："你只说对了一半，我还不能除掉他！"

　　曹操何尝不想除掉刘备，如果杀了刘备，必失去人心。

⊙ 煮酒论英雄雕像

人们一定会觉得他妒才，如果那样，天下贤士就不会再辅佐自己了。所以曹操只好等待时机，不敢轻举妄动。

刘备知道曹操想除掉自己，所以他明哲保身，对许多事都装糊涂，整日在自己的小花园中养花种草。

曹操为了向大臣们炫耀自己的威风，便邀上献帝和满朝文武到山林去打猎。

曹操与献帝在前面骑马而行，后边跟着文武大臣。这时有一位大臣大叫一声："后边有梅花鹿。"

献帝一时兴起，拿起弓箭便射，一连几箭都没有射中。曹操拿过弓箭，拉满弦，一箭就射倒了大梅花鹿。

后边的大臣一看梅花鹿被射死，赶紧过去取鹿，一看鹿身上是御箭，都高呼"万岁"。曹操非常气愤，竟然冒天下之大不韪，走到献帝前面，接受文武百官的朝拜。

汉献帝肺都气炸了，但也只好强忍怒火，他知道一旦自

○ 武侯祠

己反抗，曹操就敢废掉他。

伏完悄悄把董承、马腾、刘备邀来见汉献帝，汉献帝十分气愤地说道："我汉室江山被曹操老贼操纵，他目中无君，专横霸道，长此以往，他一定会夺取我们汉室王位的。我想请几位联手，诛杀老贼，重振我汉室江山，不知几位意下如何？"

董承、马腾早就恨透了曹操，立即答应了下来。刘备也答应下来。几个人咬破手指，在盟书上写下了自己的名字。

曹操生性多疑，时刻注意刘备的一举一动，有一天忽听有人报："刘备被献帝密召！"

曹操来到刘备的小花园，刘备正在浇水。曹操约刘备到府上饮酒，刘备婉言拒绝。二人在刘备住处，喝了几杯。曹操忽然问道："如今天下诸侯各据一方，多如牛毛，但最后能成事的少如麟角，不知左骑将军以为谁能够成为天下英雄呢？"

刘备答道："小霸王孙策文通武备，又有朱治、吕范、周瑜、太史慈等多员大将辅佐，没有几个月便割据江东，将来必有一番作为！"

曹操道："一个孩子，只靠他父亲孙坚的威名而已，很难成为英雄！"

刘备又说道："袁绍拥有军队数十万，文人武将也不乏其人，而且他依据险要的地势，可以称得上是一位英雄人物。"

曹操摇了摇头，说道："袁绍虽有野心，但为人刚愎自用，

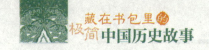

手下虽有大将，但他舍而不用，此人很难成为英雄！"

刘备道："那袁术呢？"

曹操笑了笑道："他乃一匹夫，无谋无志，没有主见，他若算得上英雄，天下人岂不都成了英雄吗？"

刘备道："依丞相之见，谁能成为真正的英雄呢？"

曹操笑而不答，用手指了指刘备，又指了指自己。

刘备大吃一惊，以为曹操看出了自己的心事，吓得筷子落地，而这时天边正好响起了一声惊雷。

刘备连忙说道："丞相见谅，突闻惊雷，心一紧张，酒筷子落地！"

二人喝罢多时，曹操走出刘备的府门，自言自语道："刘备胆小怕事，也不能成为英雄，称雄者还得是我曹操！"

刘备为了尽快摆脱曹操的控制，找借口带领自己的人马逃跑了。

历史聚焦 LISHI JUJIAO

东汉末年，朝政腐败，再加上连年灾荒，人民生活非常困苦。刘备有意拯救百姓，张飞、关羽又愿与刘备共同干一番事业。三人情投意合，选定张飞庄后一片桃园结义。此时正值桃花盛开，景色美丽，张飞准备了青牛白马，作为祭品，焚香礼拜，宣誓完毕；三个人按年岁认了兄弟。刘备年长做了大哥，关羽第二，张飞最小做了弟弟。这便是《三国演义》中著名的"桃园三结义"。

司马懿夺权

曹爽接到了司马懿的信，当时就惊呆了，默默地说道："李胜不是说司马懿病重吗？怎么会突然兵变呢？"这时司马懿又派人来劝说曹爽，只要交出兵权，就可以从宽处理。他会怎么做呢？

曹叡去世后，幼子齐王曹芳继位，大将军曹爽、太尉司马懿共同辅政。曹芳年幼无知，大权落在了曹爽和司马懿手中，二人遇事虽然互相商议，但暗中深藏杀机，都在背地里钩心斗角、争夺大权。

● 司马懿雕像

司马懿无论在资历、才干、威望方面都远远超过曹爽，曹爽对司马懿早有戒心，但司马懿德高望重，朝中之事大多数由他做主。曹爽不甘心，他将自己的几个心腹安排在朝中，司马懿则称病在家养精蓄锐。曹爽等看司马懿居家不出，认为心病已除，于是整日吃喝玩乐，过着奢侈的日子。

忽然吴国大军分兵三

路，气势汹汹，直奔京城而来。曹爽立即派人去请司马懿，但司马懿称病重，不能前来。曹爽只好亲自去请。司马懿认为时机已到，便带领魏军去迎战吴兵。这时东吴的人马正在围困樊城。魏军大获全胜。司马懿的威望又提高了，曹爽等人没有办法，只好勉强为司马懿举行庆功宴。司马懿一看兵权仍在曹爽手中，仍称病，继续在家中休养。

曹爽派李胜去司马懿府上探听虚实。李胜一来，司马懿便知道他的来意了，心想：我将计就计，继续装病。司马懿说道："我耳聋得厉害，大脑反应也很迟钝，你不要生我的气，我久病在家，朝中无人来看望我，只有刺史你来看望，我太高兴了！"

◎ 司马懿诈病骗曹爽

正在这时，司马师、司马昭进来了，一是看望父亲，二是为父亲喂药。司马懿喝了药，又弄得洒了一身。司马懿说了一会儿，又昏了过去。

曹爽等人知道了司马懿的近况，心中大喜，心想：老贼一死，大权便牢牢控制在我手中，无人与我争夺了。于是又整天饮酒作乐，纵情享受。

司马懿虽然仍是闭门不出，但早已派密探去监视曹爽等人了。

有一天，密探报：曹爽及文武百官都到城外高平陵祭祀先帝去了。司马懿大喜，立即集合人马，占据了曹爽和曹羲兄弟俩的军营。司马懿派人给曹爽送信，信中写道：先王让我辅佐幼主，我对先帝说"我一定尽心尽力，如果我做不到，我愿意一死"，如今大将军独揽大权，目中无君，群臣要职都是你曹爽的心腹，我看你有篡权夺位的意思，现在皇太后命你及你的兄弟自回家中，不得违令！

司马懿夺得了兵权，将曹爽的心腹罢免，打入狱中。不久，就以谋反之罪将曹爽兄弟及家人杀掉。

历史聚焦 LISHI JUJIAO

曹爽（？—249年），字昭伯，沛国谯县（今安徽亳州）人，三国时期曹魏宗室、权臣，大司马曹真之子。自少以宗室身份出入宫中，谨慎持重。曹叡即位后，即任他为散骑侍郎，累迁城门校尉，加散骑常侍，转任武卫将军；曹叡卧病时，拜曹爽为大将军，假节钺；齐王曹芳即位后，曹爽又被加为侍中，改封武安侯。曹爽原本谦虚谨慎，后来任用私人，专权乱政，侵吞财产，一意孤行，出兵伐蜀造成国内虚耗，死伤惨重，起居自比皇帝。公元249年，司马懿发动高平陵之变后，因谋反之罪，曹爽在朝议后被族诛。

孙氏兄弟据江东

东汉末年的孙策和孙权兄弟俩是有名的少年英雄。他们凭借着自己的聪明和勇气，经过不懈的努力，建立起了东吴政权。

孙策从小就聪明好学，有着一身的好武艺。在父亲去世后，年少的孙策投奔到袁术这里，在他的手下做了一名将领。

孙策虽然年龄不大，但有勇有谋，袁术虽然很欣赏他，但因为他属于江东人（今长江下游的江南地区），袁术担心他和自己不同心，因此，对他抱有戒心，不愿意重用他。孙策也看出了袁术的心思，知道自己在袁术这里不会有大的前途。因此，他时刻寻找着机会，想要自己出去做一番事业。

过了不久，机会就来了。扬州刺史刘繇攻打丹阳（今安徽宣州），丹阳太守吴景被打败逃走。吴景是孙策的舅舅，孙策趁着这个机会向袁术请求带兵攻打刘繇救援舅舅。袁术认为，让孙策和刘繇战斗，他们就会两败俱伤，正合自己的心意。于是，袁术就给了孙策一千人马。

孙策带着部队出发了。为了增加自己的力量，他在路上边走边招兵买马，扩大自己的队伍。舅舅吴景知道了，也带着自己的人马来和他会师。这时候，孙策的发小周瑜也带人前来投奔孙策。这样孙策的队伍得到了进一步的壮大。

孙策带着队伍来到长江边上，发现只有几十条船只，无法同时渡过长江，向刘繇展开进攻。大家一时都为难起来，想不出解决的办法。突然，孙策看到了江边的芦苇，立刻想到了一个好主意。他下令命士兵砍伐芦苇，扎成筏子渡江。将士们齐心协力，很快扎起了千条竹筏，渡过了长江。孙策的队伍一举冲上江东岸，打败了刘繇。

孙策严格要求自己的队伍，对俘虏宽宏大量，对百姓非常爱护，所以深受百姓爱戴，很多人来投奔他。他的队伍在不断扩充，实力越来越强，陆续攻下了浙江绍兴和福建福州等地，在江东有了自己的一片天下。

但不久，孙策被人刺杀，身受重伤。孙策知道自己不行了，赶紧将印信交给自己的弟弟孙权，并托付长史张昭和周瑜，让他们辅佐孙权。孙策去世时只有 26 岁。

这时的孙权还不到 20 岁，将士们见孙权年幼，都不敢信任，想要投奔别的主人，张昭和周瑜极力劝阻大家。其中，庐江太守李术仗着自己有点儿实力，不肯服从孙权的命令，孙权决定除掉李术。

为了防止李术投奔曹操，孙权先给曹操写信，

● 孙权雕像

125

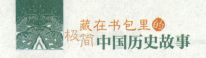
说李术杀死过曹操的部下扬州刺史，然后派兵攻打李术。李术打不过孙权，就向曹操求援。曹操已经收到了孙权的信，没有出兵相救，结果李术被孙权杀死。

　　孙权从此树立了自己的威望，江东的将士们也死心塌地地拥护他。孙权积极招揽优秀的人才，并且重用他们，东吴政权很快发展起来，最后建立了吴国。

历史聚焦　LISHI JUJIAO

　　鲁肃是东吴有名的儒将，是一位文武全才，为帮助孙权建立吴国立下了汗马功劳。鲁肃出身于一个富有的家庭，在少年的时候，他就十分有远见，已经看出天下将要大乱了。他一边刻苦读书学习，一边练习骑射。有一次，周瑜因为军队缺粮，向鲁肃借粮，鲁肃将自己家一半的粮食赠给了周瑜。周瑜十分感激，两个人成为好友，后来向孙权推荐了鲁肃，鲁肃得到了孙权的重用。曹操南下之后，东吴分为主战、主和两派。鲁肃极力主张和曹操决战，并主动前往江夏请诸葛亮过江，终于促成了孙刘联盟。赤壁之战中，鲁肃以武将身份出战，总领三军，打败了曹操，为东吴立下了很大的功劳。

　　后来，周瑜去世，临死前向孙权推荐鲁肃继任都督。不久，鲁肃开始和关羽就荆州问题展开了斗争。他和关羽谈判，要求以湘水为界，归还三郡，这就是著名的单刀会。在这件事上，充分展现了鲁肃真正的英雄气概。

魏晋南北朝

　　魏晋南北朝（公元 220 年—589 年），又称三国两晋南北朝，是中国历史上一段只有 37 年的大一统，而余下朝代替换很快并有多国并存的时代。这个时期由 220 年曹丕承东汉汉献帝禅让，建立魏朝（曹魏）开始，到 589 年隋朝灭南朝陈而重新统一结束，共 369 年。可分为三国时期（以曹魏正统，蜀汉与孙吴并立）、西晋时期（与东晋合称晋朝）、东晋与十六国时期、南北朝时期（南朝与北朝对立时期，共 150 年）。另外位于江南，全部建都在建康（孙吴时为建业，即今天的南京）的孙吴、东晋、南朝的宋、齐、梁、陈等六个国家又统称为六朝。

朝代简介

　　"魏晋南北朝"，它是几个朝代统称的复合词，虽然只有五个字，但所包括的朝代或国家却多达几十个。

　　我们不妨就先从"魏晋南北朝"一词开始，"魏"指的是三国里的曹魏。由于曹魏挟天子以令诸侯，曹丕继位后受汉室禅让，所以"魏"为正统，然而持续时间过短，而且继曹丕退位后魏完全处于司马家的挟持状态，所以只可以称为"魏国"，而不可以称为"魏朝"。而"晋"主要指的是三国灭亡后，由司马氏所建立的西晋王朝与后来割据在南方的半壁江山东晋王朝（此时北方是"五胡十六国"时代），"南北朝"则指晋朝正式灭亡后，南北对峙形成的几个朝代，南方包括宋、齐、梁、陈四朝，北方则有北魏、东魏、西魏、北齐、北周，直到隋朝建立，统一中国南北方后，自东汉灭亡后，长达近四百年的"魏晋南北朝"才算正式结束。

除了"魏晋南北朝"一词外，也有以"六朝"来指称这个时期的用法，"六朝"指的是孙吴、东晋、宋、齐、梁、陈，这几个朝代的时间基本上与魏晋南北朝相当，它的特点是这六个朝代都立国于江东地区，而且国都都在建康（或称建业、建邺，即今日之南京）。

魏晋南北朝是中国历史上政权更迭最频繁的时期。由于长期的封建割据和连绵不断的战争，使这一时期中国文化的发展受到特别严重的影响。其突出表现是玄学的兴起、道教的勃兴及波斯、希腊文化的羼入。在从魏至隋的三百余年间，以及在三十余个大小王朝交替兴灭的过程中，上述诸多新的文化因素互相影响，交相渗透，使这一时期儒学的发展及孔子的形象和历史地位等问题也趋于复杂化。

傻太子娶丑媳妇

> 很难相信有这种事，这不太可能？太子乃一人之下、万人之上的人物，选妃子岂不是易如反掌？怎么可能娶个丑婆娘呢？这事可不假，就发生在晋朝。

　　公元 265 年，曹操的后代曹奂被迫让位于司马懿的后代司马炎。司马炎改国号为晋。

　　司马炎的长子有智力障碍问题，不能立为太子。于是他便暗中观察，想从剩下的几个儿子中选一个机灵的立为太子。他做这件事的时候小心翼翼，不敢走漏半点儿消息。

　　皇后早通过皇上身边的小太监得知皇上要另立太子一事，便慌忙去找表妹杨芷商量。二人商量来商量去，便想出一计，买通皇帝身边的太监。想办法让皇上今晚来杨艳的寝宫，二人事先打扮好，给司马炎来了个美人计。杨艳与杨芷你一杯、我一杯，一会儿就把司马炎灌得晕

◎ 司马炎

129

头转向。醉眼蒙眬之中，司马炎见二人盛装的样子，不觉越看越爱。二人见他如此，越发劝他多饮。司马炎也不推辞，酒酣耳热，正喝到兴头上，杨艳忽然长叹一声，司马炎一愣忙问道："爱卿因何而叹？"

"皇上，臣妾只是心疼您啊！知儿莫如母，司马衷有点儿实心眼儿，若是平常人也没什么，可是要做太子万万不成。可他又偏偏是长子。我知道，这让皇上您为难。皇上，臣妾想，为了不让皇上您为难，不如赐臣妾与衷儿一处宅院，我们母子两个相依为命，对外就谎称病故。皇上您为了国家社稷就成全了我们母子，另选太子吧！"说到这儿，她竟"扑通"跪在地上，眼中泪光点点。

杨芷见状，忙也跪倒在地，哭道："皇上开恩，让臣妾也和皇后一起去吧！"

司马炎哪见过这阵势？听了皇后一番哭诉，竟是处处为自己着想，想起自己以前竟想瞒着皇后另立太子，不免惭愧。就这样，杨艳终于让傻儿子司马衷登上了太子的宝座。然而，他却不知道正是自己这一念之差，为晋朝惹来了滔天大祸。

鲜卑族头领秃发树机能起来造反，有人建议贾充担当此任，武帝司马炎便降旨，命令贾充率大军出兵平息叛乱。贾充本是个酒囊饭袋，哪知领兵打仗的道理？而且他又害怕死在战场上，不肯带兵出征。无奈，皇上有旨，违抗君令，同样也要杀头，只得硬着头皮上。临行前，好友荀勖忽然来找他。他便将一腔苦水都倒了出来。荀勖微微一笑道："你不就是

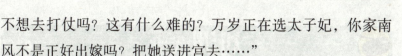
不想去打仗吗？这有什么难的？万岁正在选太子妃，你家南风不是正好出嫁吗？把她送进宫去……"

那贾南风是贾充的第三个女儿，长得又丑又凶，平常人家也未必愿意娶。贾充很有些自知之明，因此连说"不行"。可是，荀勖并不死心，而是附在他耳边，悄悄说出一计。贾充一听，立刻眉开眼笑，着手去办。

再说司马炎自派贾充去征讨鲜卑叛军后，免去了后顾之忧，便一门心思开始为自己的傻儿子挑一个好媳妇。

"皇上，臣妾听说那贾充之女贤德淑惠、美貌非凡，这太子妃不如就选了她吧！"杨皇后将贾南风吹成了一朵鲜花。

贾南风又凶又丑，精明的杨皇后怎会属意于她呢？原来这就是荀勖为贾充出的计策。他怂恿贾充之妻郭槐买通杨皇后身边的侍女，把贾南风说得像天仙一样。不久，贾南风便入宫与傻太子成亲。武帝这才见她长什么样，大呼上当，但为时已晚矣。

杨皇后看到贾南风，虽然也有些后悔，但一想立太子和选太子妃这两件事，皇上都依从了自己，又感到满足。

历史聚焦 LISHI JUJIAO

傻太子娶丑媳妇，实际上就是宫廷权力斗争的结果。但正是这个结果给晋朝带来了祸患。尤其令杨皇后想不到的是，正是自己费尽心思选的这位又凶又丑的太子妃害得她表妹杨芷被诛灭三族，死无葬身之地。

刘渊代晋

> 东海王的尸体运回东海国，路遇石勒大军。石勒痛恨东海王，觉得晋廷大乱、生灵涂炭，都是此人过错，生不得活擒，死也要惩处。于是命人将东海王的尸体焚烧，然后将骨灰扬掉。以此恶人下场，惩戒后人。

在匈奴的五个部落里，有一个文武双全的青年，他就是刘渊。作为部帅——刘豹之子的他从小就阅读汉人的书籍，博学多识，同时还日日习武，武艺不凡。

按照规定，刘豹死后，他的职位是可以直接传给刘渊的。不过，刘渊做了一段时间的部帅后就到成都王司马颖那里做起了将军，专门管理匈奴五个部的军队。刘渊虽然年轻，但是为人处世恰到好处，为人也十分正直，将匈奴军队管理得井井有条，深受各部以及幽、冀一带汉族地主的信服和拥戴。

匈奴自古就是一个不服输的民族，重振匈奴一直是匈奴贵族的一个愿望，但一直苦于没有机会。西晋末年发生的八王之乱给了匈奴人一个契机。

公元 304 年，司马颖被鲜卑族（北方的一个少数民族）打败，刘渊以援助司马颖之名带领匈奴军回到了左国城。在匈奴人的拥护之下，声望颇高的刘渊做了大单于。随后，他召集兵马率军攻打鲜卑族军队。

志向远大的刘渊并不满足于大单于这个头衔，于是，他在 304 年建立了自己的政权，自称汉王，定都左国城。可能你会好奇，为什么刘渊这个匈奴人要自称汉王呢？为何不光打他自己的民族呢？

聪明的刘渊知道汉朝在中原人心中的地位，为了拉拢民心，自称汉王自然是明智的选择。同时，他还借兴汉的名义不断发展自己的势力，相继攻占了太原、上党、河东等几个郡，一直反对晋朝的一些小部落也都归顺于他。

在刘渊自称汉王的时候就有人建议他称帝，但是他认为时机没有成熟便回绝了。公元 308 年，平定四方之后，刘渊终于称帝，迁都平阳（现在的山西临汾西南）。与此同时，

鲜卑族和氐族等酋长也相继归附于他。

灭晋一直是刘渊的目的，没想到在这个目的达到之前他便病死了。他的儿子刘聪登基后，继承父亲遗志多次派兵攻打洛阳。洛阳全城上下誓死抵抗，在顽强抵抗了多次之后还是被实力强大的敌人所攻占，晋怀帝也被刘聪杀死。

怀帝的侄子司马邺在大臣们的拥戴下继承皇位登基，即晋愍帝。公元316年，刘聪成功攻克长安，晋愍帝也被杀死。自此，存活了52年的西晋落下了帷幕，中国的北方也开始了"十六国"分裂割据的混乱局面。

历史聚焦 LISHI JUJIAO

在东汉初年，匈奴就大量进入塞内。公元46年前后，匈奴国内发生严重的自然灾害，人畜饥疫，死亡大半。而统治阶级因争权夺利，发生分裂。公元48年，匈奴八部族人共立呼韩邪单于之孙日逐王比为单于，与蒲奴单于分庭抗礼，匈奴分裂为两部。后日逐王比率4万多人南下附汉称臣，称为南匈奴，被汉朝安置在河套地区。而留居漠北的则称为北匈奴。

淝水之战

公元 383 年 7 月，前秦国君苻坚不顾群臣反对，一心想统一天下，下诏大举攻晋。8 月，苻坚亲率 60 万大军南下，水陆齐进，直逼淝水，京师为之震惊。

东晋宰相谢安临危不乱，他对东晋的家底盘算了一下，觉得还有几分希望：名将桓温的弟弟桓冲将军带着 10 多万人马镇守荆州，应该可以守住我大晋的西大门。至于东部防线，有我的堂弟谢石和侄子谢玄率领的北府兵，北府兵从江淮之间的流民中募集，战斗力很强，应该能跟秦军拼上一拼！

谢安拿定了主意，命令谢石为主将，谢玄为前锋，统领谢琰、桓伊、刘牢之等将领率着 8 万人开赴淮水一线抗击秦军。谢安早已料到，秦军来势凶猛，晋军不管怎样英勇，肯定要先吃几个败仗，至于后来情势如何发展，只好交给老天去决定。谢安的估计没错，10 月，苻融的军队渡过淮河，攻下了淝水（淮河南岸支流，流经今安徽淮南西）西岸的军事重镇寿春（今安徽淮南西），然后又派部将梁成率领 5 万人向东进驻洛涧（淮河南岸支流，流经今安徽淮南东）。

◎ 苻坚雕像

这时，谢玄也率兵赶到了这里，他有些害怕屡战屡胜的前秦梁成将军，于是在洛涧东岸与秦军隔河对峙。

亲率大军已经到达项城（今河南沈丘）的苻坚，密切关注着战场动态。这时，苻融向他报告，说抓住了困守硖石（今安徽寿县西北）的晋军将领胡彬的一个信使，获得胡彬粮草缺乏、兵力单薄的绝密情报，建议秦军迅速开进，以防敌军逃遁。苻坚乐开了花，撇下大部队，亲率骑兵8000疾驰寿春。可能是觉得自己胜券在握，苻坚就派降臣朱序到晋营策反主将谢石。可没想到，身在曹营心在汉的朱序反而向谢石等人密告了秦军的情况，并建议谢石等人乘秦军主力未到发起攻击，一鼓作气击败苻坚。

○ 淝水之战

　　谢石、谢玄经过一番商议，就派名将刘牢之率领精兵5000人，先对洛涧的秦军发起突然袭击。守在洛涧的秦军不是北府兵的对手，勉强抵挡一阵，败了下来，秦将梁成被晋军杀了。秦兵争先恐后地渡过淮河逃走，大部分掉在水里淹死。

　　洛涧大捷后，谢石、谢玄一面命令刘牢之继续援救硖石，一面亲自指挥大军，乘胜前进，直到淝水东岸，把人马驻扎在八公山边，和驻扎寿阳的秦军隔岸对峙。

　　苻坚派出朱序劝降以后，正在扬扬得意，等待晋军的投降，突然听到洛涧失守的消息，感到十分意外，有点儿沉不住气。他要苻融陪着他到寿阳城楼上去看看对岸形势。

　　苻坚在城楼上一眼望去，只见对岸晋军一座座的营帐排列得整整齐齐，阵容严整威武。再往远处看，对面八公山上，隐隐约约不知道有多少晋兵。其实，八公山上并没有晋兵，不过是苻坚心虚眼花，把八公山上的草木都看作是晋兵了。苻坚有点儿害怕了。打那以后，苻坚命令秦兵严密防守。晋军没能渡过淝水，谢石、谢玄十分着急。于是谢玄派人给苻坚送去一封信，说："你们带了大军深入晋国的阵地，现在却在淝水边按兵不动，这是想打仗吗？如果你们能稍往后撤一点儿，腾出一块儿地方，让我军渡过淝水，双方就在战场上比一比，这才算有胆量！"

　　苻坚一想，要是不答应后撤，不就是承认我们害怕晋军吗？他马上召集秦军将领，说："他们要我们让出一块儿阵地，我们就撤吧。等他们正在渡河的时候，我们派骑兵冲上去，

把他们消灭。"谢石、谢玄得到苻坚答应后撤的回音，迅速调集人马，准备渡河进攻。

约定渡河的时刻到来了，苻坚一声令下，苻融就指挥秦军后撤。他们本来想撤出一个阵地就回过头来总攻。没料到许多秦兵由于厌恶战争，加上害怕晋军，一听到后撤的命令，撒腿就跑，再也不想停下来了。

谢玄率领八千多骑兵，趁势飞快渡过淝水，向秦军猛攻。

苻融气急败坏地挥舞着剑，想压住阵脚，但士兵像潮水般地往后涌来。晋兵从后面赶上来，把他一刀杀了。阵后的苻坚看到情况不妙，只好骑上一匹马拼命逃走。不料一支流箭飞来，正好射中他的肩膀。苻坚顾不得疼痛，继续催马狂奔，一直逃到淮北才松了口气。

经过这场大战，强大的前秦元气大伤。苻坚逃到洛阳，收拾残兵败将，只剩下十几万。不久，苻坚被部下姚苌所杀，前秦统治瓦解，北方又重新陷入分裂和混战的状态。

历史聚焦 LISHI JUJIAO

谢安不想高官厚禄。东晋朝廷先是征召他入司徒府，接着又任命他为佐著作郎，都被谢安以有病为借口推辞了。后来，拒绝应召的谢安干脆隐居到会稽的东山，与王羲之、许询、支道林等名士名僧频繁交游，出则游弋山水，入则吟咏属文，挟乐伎优游山林，就是不愿当官。

刘裕建宋

刘裕即位之后采取了很多减轻人民负担的措施，多次下诏减免赋税；同时还减轻刑罚，废止了一些惨无人道的酷刑。每当遇到灾荒的年景，刘裕还命令各州县赈济百姓，禁止豪强封固山泽。刘裕征战一生，积劳成疾，当了皇帝没两年就去世了。刘裕的儿子宋文帝刘义隆延续了父亲与民休息的政策，使南朝出现了政治清明、人民安康的"元嘉之治"。

东晋是一个动乱的朝代，内忧外患让皇帝非常烦恼。桓幺仗着父亲的势力想要篡权夺位，最终被刘裕打败，随后大权便转移到了刘裕的手中。权势同样诱惑着刘裕，当时还无法服众的他知道时机还不成熟，因而决定先进行北伐，开拓疆土，提高威望后再登基即位。

○ 刘裕画像

刘裕的北伐之行最初比较顺利，公元409年，他便率先灭掉了南燕（南燕，十六国时期16国之一，慕容德所建，398年建都广固，统治今山东及

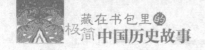

河南的一部分，史称南燕）。几年后，南方分裂的割据势力也被他相继平定，接下来便北上继续攻打后秦。

刘裕善于指挥作战，他兵分两路，先安排王镇恶、檀道济率领步兵从淮河一带进攻洛阳，自己则带水军沿着黄河向西进军，以此对敌军展开水陆两面的包抄。

北伐途中，刘裕和北魏有过一场较量，他还机智地设计了"却月阵"，成功打败了北魏。那么，"却月阵"到底是一个什么样的阵法呢？

北魏是北方的鲜卑族建立的政权，势力也不容小觑，黄河北岸就是他们的地盘。正所谓"唇亡齿寒"，北魏对于晋军的北伐自然是抱有抵抗态度。于是，北魏的十万大军和刘裕率领的晋军在黄河两岸展开对峙。由于水流湍急，再加上魏军的挑衅和骚扰，晋军的战船在河面来来往往很多次也没能成功进军。

这样下去也不是办法，于是刘裕想出了一条妙计，即"却月阵"。顾名思义，"却月阵"整个阵的形状就

◉ 南北朝时期半圆方枚神兽青铜镜残片

像是一个月钩，由一名将军率领一百辆战车和七百名士兵在北岸摆出一个半圆形，中间凸出来，两端紧靠黄河沿岸，并且在一辆战车上插上一根白色的羽毛。

在却月阵的后面隐藏着一千多支三四尺长的长矛蓄势待发，锋利的矛头可以同时射穿三四个人，因而一旦敌军入阵，其效果可想而知。

当魏军进攻晋军时，晋军便启用却月阵，将长矛射向魏军，死伤惨重的魏军被这些长矛吓得连连倒退，瞬间乱作一团，最终晋军成功打败了魏兵。

刘裕接下来又攻占了长安，成功灭掉了后秦。随后自己带兵重回南方，他的儿子和王镇恶被他安排在长安镇守。

几年以后，刘裕觉得自己已经可以让众人信服，于是便让人劝说晋恭帝退位，自己取而代之。公元 420 年，随着晋恭帝的下台和刘裕登基即位，改国号为宋，东晋彻底灭亡。

历史聚焦 LISHI JUJIAO

刘裕（363 年—422 年），字德舆，小名寄奴。他很小的时候，父亲就去世了。作为寒门出身的孩子，刘裕要想成就一番事业，只能走从军的道路，于是他一狠心，就告别了妻子和母亲，参加了赫赫有名的北府兵。

大发明家祖冲之

祖冲之在科学发明方面是个多面手，他造过一种指南车，随便车子怎样转弯儿，车上的铜人总是指着南方；他又造过"千里船"，在新亭江（在今南京市西南）上试航过，一天可以航行一百多里。他还利用水力转动石磨，舂米碾谷子，叫作"水碓磨"。

从宋孝武帝即位之后，宋王朝很快就衰落了。在这个时期，却出现了一个杰出的科学家祖冲之。祖冲之的祖父名叫祖昌，在宋朝做了一个管理朝廷建筑的长官。祖冲之生长在这样的家庭里，从小就读了不少书，人家都称赞他是个博学的青年。他特别喜欢研究数学，也喜欢研究天文历法，经常观测太阳和星球运行的情况，并且做了详细记录。

宋孝武帝听到他的名气，派他到一个专门研究学术的官署"华林学省"工作。他对做官没有兴趣，但是在那里，可以更加专心地研究数学、天文。

我国历代都有研究天文的官，并且根据研究天

○ 祖冲之雕像

142

文的结果来制定历法。到了宋朝的时候，历法已经有很大进步，但是祖冲之认为还不够精确。他根据长期观察的结果，创制出一部新的历法，叫作"大明历"（"大明"是宋孝武帝的年号）。这种历法测定的每一回归年（也就是两年冬至点之间的时间）的天数，跟现代科学测定的相差只有五十秒；测定月亮环行一周的天数，跟现代科学测定的相差不到一秒，可见它的精确度之高。

公元462年，祖冲之请求宋孝武帝颁布新历，孝武帝召集大臣商议。那时候，有一个皇帝宠幸的大臣戴法兴出来反对，认为祖冲之擅自改变古历，是离经叛道的行为。

● 圆周率

祖冲之当场用他研究的数据反驳了戴法兴。戴法兴倚仗皇帝宠幸他，蛮横地说："历法是古人制定的，后代的人不应该改动。"

祖冲之一点儿也不害怕，他严肃地说："你如果有事实根据，就只管拿出来辩论。不要拿空话吓唬人。"

宋孝武帝想帮助戴

143

法兴，找了一些懂得历法的人跟祖冲之辩论，也一个个被祖冲之驳倒了。但是宋孝武帝还是不肯颁布新历，直到祖冲之死了十年之后，他创制的大明历才得到推行。

尽管当时社会十分动乱不安，但是祖冲之还是孜孜不倦地研究科学。他更大的成就是在数学方面，他曾经对古代数学著作《九章算术》做了注释，又编写一本《缀术》。他最杰出的贡献是求得相当精确的圆周率。经过长期的艰苦研究，他计算出圆周率在 3.1415926 和 3.1415927 之间，成为世界上最早把圆周率数值推算到七位数字以上的科学家。

历史聚焦 LISHI JUJIAO

祖冲之死后，他的儿子祖暅、孙儿祖皓都继承了祖冲之的事业，刻苦研究数学和历法。据说祖暅在研究学问的时候，全神贯注，连天上打响雷也听不到。他常常一面走路，一面思考问题。有一次，他在路上走，前面来了个大官僚徐勉，祖暅根本没有发觉，一头就撞在徐勉身上。等到徐勉招呼他，祖暅才像梦中惊醒一样，慌忙答礼。徐勉知道他研究出了神，也就没有责怪他。

齐高帝萧道成

鉴于宋王朝的骨肉相残，萧道成特别注意教育子孙互相团结。建元四年（公元482年），萧道成重病，他命人召来太子留下遗言说："吾儿，汝不日即位，当铭记骨肉不可相残；宋朝亲族如不是骨肉相残，岂能被他族乘其衰敝取而代之，汝深诫之！"

南朝齐（公元479年—502年）的开国皇帝萧道成，南兰陵（今江苏常州西北）人。他的家族在魏晋时并非名族，但这个家族繁衍很快，成为一个庞大的家族。萧道成的父亲萧承之是刘宋皇朝的外戚，元嘉十七年（公元440年），萧承之任汉中太守。那年，宋文帝刘义隆与彭城大将军刘义康兄弟二人发生矛盾，宋文帝一怒之下将刘义康贬为江州刺史，出镇豫章，派萧承之率军前去防范监督刘义康。14岁的萧道成跟随父亲执行任务。从此，萧道成跟随父亲南征北战，以其机智勇敢屡立战功，成长为将帅之才。

公元465年，宋明帝

🌀 萧道成画像

继前废帝刘子业被弑后登基，朝廷内部发生了权力争斗。此时，萧道成已官至右将军，他审时度势，决定站在明帝一边，他对左右说："皇上（明帝）虽势单力薄，形势危机，但他为一国之君，亦有诸王鼎力相助。若我为皇上效力，助皇上平定天下，定能功成名就；若追随叛军，虽有成功之可能，但将来各路反将之间难免倾轧，刘子勋未必重用我们。"

　　他的想法得到手下幕僚的赞成，当然也得到了明帝的嘉许。不日，他便被提升为辅国大将军，随即宋明帝派遣他和张永等将领带大军前去讨伐叛军。平叛大功告成，宋明帝大喜，对平定叛军的功臣悉数提拔重用。公元467年，萧道成被委任为南兖州刺史，防御北魏，成为镇守一方的大员。

　　泰始六年（公元470年），有人传说萧道成有奇异的相貌，当为天子。宋明帝征他入京，萧道成害怕，假称北魏军要进攻，硬是留在淮阴没动。

　　当明帝大杀兄弟、子侄时，萧道成一直在淮阴坐镇。明帝临死那年，萧道成被征入朝，任右卫将军，与尚书令袁粲、扩军将军褚渊等共掌机密。后废帝时，先后发

🔵 南北佛首

生江州刺史桂阳王休范、南徐州刺史建平王景素等叛乱，都被萧道成平定。萧道成因功升为中领军、尚书左仆射，掌握禁军。

元徽五年（公元477年），萧道成命亲信王敬则等把小皇帝刘昱杀死，迎立安成王刘准，安成王年仅11岁，即宋顺帝，大权掌握在萧道成手里。

昇明三年（公元479年），萧道成逼顺帝退位。自己称帝，建立齐王朝。

萧道成特别提倡节俭。过去皇帝礼服上佩带一种叫"玉介导"的装饰品，据说是避邪的，萧道成认为玉制品是奢侈品，叫人把它打碎。又下令后宫原用铜制的器物和栏杆，改用铁制。把内殿的绣花绫罗帐改作黄纱帐，皇帝銮驾上华盖的镶金装饰品也去掉了。他说："让我治天下十年，当使黄金与泥土同价。"

萧道成虽然想有点儿作为，可惜，他做皇帝不过4年就病死了。他被后人称为齐高帝，庙号"太祖"，死后被厚葬于武进县泰安陵。

历史聚焦 LISHI JUJIAO

萧道成总结刘宋后期骨肉相残和奢侈腐化从而亡国的教训，即位后很想有所作为。他禁止宗室诸王封山占水，减免一些赋役，安抚流民还乡生产，整顿户籍，修建学校，禁止将帅招募部曲等。

 # 荒唐皇帝刘义符

皇帝无聊到随便玩"蛊盆"的游戏，随便就要拆紫云殿，随便就把紫云殿当集市，甚至就因为一块漆皮掉下来，便命内侍敲响景阳钟……无聊至极啊！

刘义符继位之后，整日不理朝政。朝政大事就渐渐把持到中书监尚书令傅亮、司空徐羡之、领导将军谢晦手中。

刘义符玩腻了，便从宫外又找来一些胡作非为的少年来陪他玩。这些人都是些市井无赖，什么阴险的损招儿都使得出来。他们在紫云殿前设了一个巨大的铜缸，又令人捉来毒蛇、蝎子等五种毒虫无数投入缸中，最后又从死囚牢里提出一个大汉，剥光衣服，丢进缸中。这大汉又痛又怕，悲恸欲绝，而这帮恶少却围在缸边又跳又笑，无比开心。不一会儿，这大汉就连惊带吓，加上身中剧毒，气绝身亡。

后来，他忽然下令要拆掉紫云殿重建，而且至少要比现在的大四倍！众大臣一听，皆知他不定又从哪儿冒出这么一个主意。只见一人走出朝列，众人不禁都松了一口气。出来之人正是中书监尚书令傅亮。他对刘义符说道："现在国库空虚，北方战事不断，不如过几年，国库富足，再大兴土木不迟！"话音刚落，徐羡之、谢晦也站出来，支持傅亮的意见。

正在此时，不知是谁在这静悄悄的金銮殿上放了一个响屁，刘义符一听，气极而笑，道："谁如此大胆，在金銮殿

上放狗屎！给我斩了！"

文武大臣一听这很不像话，但无可奈何，纷纷跪地，请皇上开恩。刘义符见满朝文武都替三人求情，自知不能做到，便伸伸懒腰道："算了，饶你们这一回，但明天都得给我拆紫云殿去，不去还得斩！"

散朝以后，三位大臣憋了一肚子火，便聚集在傅亮家中，商量来商量去商量出一条计策：干脆一不做二不休，废了他！让刘裕的小儿子继位。

第二天，傅亮来找刘义符，但是左找也找不见，右找也找不见。正当傅亮走到神武门不想再找，忽然看见前面宫门不远处的宫场府下非常热闹。他心里起疑，走到近前一看不由得大怒。只见眼前做买卖的，人来人往，俨然是一个集市，

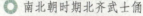

◎ 南北朝时期北齐武士俑

他发现卖豆腐的主儿正是当今皇上刘义符。

一天，傅亮听说皇上从华林园打猎回来去了天渊池边，登舟夜饮，并在舟中留宿。他立即于次日清晨带人将刘义符押回紫云殿，当堂宣读废帝诏书，然后解往吴郡（今江苏省苏州市）。途经金昌，刘义符这个年仅 19 岁，刚刚坐了一年金銮殿的皇帝，被傅亮事先布置的人杀死。就这样，这位荒唐皇帝永远地退出了政治和人生舞台，这也是他咎由自取。

历史聚焦 LISHI JUJIAO

徐羡之等派中书舍人刑安泰前去刺杀刘义符。谁知刘义符颇有勇力（据史书上记载，刘义符有旅力，善骑射，解音律）立起格斗，且战且走，竟得突围出奔，逃出昌门，追兵用门闩捶击，刘义符受伤倒地，邢安泰赶上一刀，结果了他的性命，他年仅 19 岁。徐羡之等又派人杀死了流放在新安的庐陵王刘义真。就这样，少帝刘义符只因一个"玩"字，玩掉了皇位，玩掉了江山，还玩掉了自己的性命。

隋　朝

　　隋朝（公元581年—公元618年，一说619年或630年），是中国历史上，上承南北朝、下启唐朝的重要朝代，史学家常把其与唐朝合称隋唐。

隋朝世系图

帝王	公元	在位时间
隋朝（581－618）		
隋文帝－（杨坚）	541年—604年	在位24年
隋炀帝－（杨广）	569年—618年	在位14年
隋恭帝－（杨侑）	605年—619年	在位半年
隋秦王－（杨浩）	605年—618年	在位半年
隋皇泰帝－（杨侗）	618年—619年4月	在位不足一年

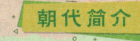

　　隋朝(公元581年—618年),是中国历史上上承南北朝、下启唐朝的重要朝代,史学家常把其与唐朝合称隋唐。公元581年北周静帝禅让给杨坚,定国号为"隋",北周覆亡。公元618年隋恭帝杨侑禅让李渊,公元619年王世充废隋哀帝,隋朝覆亡,国祚38年。

　　为了巩固隋朝的发展,隋文帝在政治、经济、文化及外交等领域进行了大刀阔斧的改革。政治上,确立了影响后世的三省六部制,以巩固中央集权制度;正式制定出完整的科举制度,以选拔优秀人才,弱化士族垄断做官的弊端。另外还建立政事堂议事制度、监察制度、考绩制度,这些都强化了政府机制,深刻影响后世封建王朝的政治制度。

　　外交方面,隋朝的盛世也使得当时周边国家和境内的少数民族如高昌、倭国、高句丽、新罗、百济与臣服的东突厥等国皆深受隋朝文化与典章制度的影响,外交交流以日本的遣隋使最为著名。

　　隋朝根据南北朝的经验改革政制,兴建大运河以及驰道,改善水陆交通线,同时兴建京都大兴城和东都洛阳。

　　隋朝行政区划有两次重大变化。隋文帝基本统一天下后,鉴于从东汉末年开始的州郡县三级制已经混乱不堪,废除天下郡置,改为州县二级制。隋炀帝继位后,不久将所有的州改为郡,实行郡县二级制,全国共190个郡、1255个县。隋朝后期把洛阳称为东都。

隋文帝杨坚一统天下

　　杨坚很迷信，他通过占卜得知自己登基的最佳时间为来年（公元581年）二月初四，所以当时没有把宇文阐一起杀死。等到他准备登基的头天晚上，才用毒酒将宇文阐毒死。好时辰一到，杨坚登基，国号隋。至此，北周从宇文觉始，至宇文阐止，共历5位皇帝，25年便告结束。

　　宇文邕刚刚下葬，宇文赟就跑到后宫去鬼混，直到玩腻了，才出来亲理朝政。他上台后第一件事便是诛杀重臣，他将对他有威胁的人全部杀掉，甚至连宇文氏家族的人也不放过。然后又重新任命高官重臣，将自己的亲信耳目全部安插到朝中，并派杨皇后的父亲杨坚为他主持朝攻。他以为这样就可以高枕无忧了，便过起了更加放荡，甚至违背人伦的生活。

　　一天，宇文赟在宫中宴请群臣及其家眷。席间，他发现西阳公宇文温的夫

◎ 隋文帝杨坚

人尉迟氏颇有些姿色，便将其灌醉，留在宫中玩弄。这还不算，最后干脆将尉迟氏的丈夫西阳公宇文温全家抄斩。将尉迟氏封为第五个皇后。那尉迟氏也不是什么好东西，整日与他鬼混在一起。一天，她正与宇文赟在寝宫调乐，内侍匆匆来报："皇上，突厥来犯，群臣在等皇上去商议退兵之策。"尉迟氏闻听，一脸不高兴，对宇文赟耍起了小性子，故意不理他。宇文赟对她正处在迷恋时期，非但不生气，反而再三央求。

　　尉迟氏见火候到了，趁机让他将皇位传给太子。就这样，这个刚刚21岁的宇文赟便将皇位传给8岁的儿子宇文阐，自己做起了逍遥自在的太上皇。

　　杨坚趁此机会，将大权一步步抓到自己手中，但是他也见

◎ 隋朝古建筑

识过宇文赟诛杀大臣的残酷手段，所以一时还不敢轻举妄动。

一天，太上皇宇文赟将几位太后召集到一起，命她们 5 人脱光衣服，一起躺到床上侍寝。杨皇后为杨坚之女，知书达理，对宇文赟的行为早有所不满，便言辞相斥。宇文赟脸色大变，立刻命内监将杨皇后拖出去杖刑，然后赐死！

杨坚在内宫早已安插耳目，消息立刻传入他耳中。杨坚之妻独孤氏亲自去宫中叩头求情，才勉强救下早已奄奄一息的杨皇后。日后，杨坚去宫中探望女儿，看她身上的伤状悲惨，暗中咬牙，誓报此仇。但是宇文赟没有等到杨坚向他复仇便淫乱而死，时年才 22 岁。

宇文赟一死，小皇帝宇文阐根本不被杨坚放在眼里。他篡位的野心，便逐渐显露出来。后来，杨坚称帝，他励精图治，富国强兵。为此他奋斗了八年，给大隋江山打下了坚实的基础，也向他"统一天下"的目标迈进了具有实质性的一大步。隋文帝杨坚统一天下后，南北朝对峙的局面也就此结束，新的历史纪元开始了。

历史聚焦 LISHI JUJIAO

张丽华头发长七尺，浓黑如漆，光亮可以照人。特别聪明灵慧，富有神采，举止娴雅华贵，容色端庄秀丽。每当望观瞻视，光彩在眼中流溢，映照着左右众人。她曾在阁上妆饰得极为美丽，走近阁前的栏杆，从宫中远远望去，飘飘然好像是神仙一般。

杨广篡位

杨广一听父亲让自己去办理治罪四弟之事，心中欣喜若狂。但表面上却做出一副骨肉不忍相残的样子，跪在地上苦苦为四弟求情。他知道自己越求情，父皇越恨四弟，越不饶他。果然杨坚不允，杨广便极不情愿地起身出宫。一出宫门，便手舞足蹈，乐呵呵地走了。

　　隋文帝杨坚的二儿子杨广为人诡计多端。他先用两面三刀的伎俩博得杨坚夫妇的宠信，又用金银玉器收买了杨坚身边的宠臣杨素、杨约，怂恿文帝废掉太子杨勇，终于在开皇二十年十一月称心如意地当上了皇太子。杨广为此欣喜若狂，大隋朝从此开始了国无宁日的局面。

　　一日，杨坚正在养心殿闭目养神，杨广悄悄走进来。杨坚似乎有所察觉，微睁开双眼。杨广见状，忙跪下叩头请安。杨坚让他起身后，他又不走，一副欲言又止的样子。杨坚心里纳闷儿，便随口问道："皇儿有什么事要对为父说吗？"

　　杨广便带着哭腔诉道："儿臣今日来见父皇，是求父皇废了儿臣这个太子，以免我们兄弟不和，骨肉残杀。废去儿臣这个太子，儿臣也可留下一条小命，侍奉父皇、母后颐养天年……"

　　杨坚不由得更加吃惊，半晌才道："你这话分明是说你弟兄中，有人对废立太子之事不满，欲加害你了？"

　　杨广心中暗喜，表面上却更加伤心地哭道："儿臣本无太子之能，还是让位给四弟吧！也免得他为此事再招兵买马，大动干戈，犯下杀身之罪……"

"什么？是杨秀！"杨广隐隐约约说出这番话，杨坚岂有不懂的道理？立刻勃然大怒道："我早就看出他不安分，迟早是个忤逆之子。你即刻就去办理此事，将他给我押回来，囚入后宫！"

○ 隋炀帝

不久，杨秀便因莫须有的罪名被文帝废为庶人，关押在后宫一隅。

隋文帝仁寿二年，独孤皇后病故。杨坚择吉日又册封了两位妃子：一位陈氏，封为宣华夫人；一位蔡氏，封为容华夫人。此时杨坚去一得二，乐不可支，将朝政大事交由杨广，自己同两位新妃到仁寿宫享福去了。

没过多久，他就病倒了。杨广一狠心，便带着侍卫去了仁寿宫。到了大殿，将宫女太监全部赶走。一不做，二不休，竟将亲生父亲杨坚掐死在病榻之上，然后传出皇帝杨坚因病而终的消息。

　　随后，他又假传文帝圣旨，处死大哥杨勇，并将他的几个儿子一同毒死。掩埋时，还令人将他们头朝下，他认为这样他们就不会变成怒鬼报仇了。

　　公元604年，这个狠如蛇蝎的杨广，终于踩着父亲、兄长、弟弟的尸体登上了帝位。

历史聚焦 LISHI JUJIAO

　　隋炀帝是个大有作为的皇帝。他在位期间，曾下令开凿大运河、亲征突厥、高句丽，为改善交通、发展经济、统一国家，立下了不可磨灭的历史功勋。隋炀帝是位功过参半的皇帝，既有风流奢侈、好大喜功的一面，也有为国为民着想、亲力亲为、坚韧不拔的另一面。因此，看待历史人物，应秉持客观、公正的立场，不应因功掩过，也不应因过掩功。

◉ 大运河

杨玄感造反

> 杨玄感造反只不过是封建统治阶级内部的争权夺势，最终的受害者还是老百姓。但同时，他们这种斗争所造成的内部分裂也给农民起义军创造了有利的形势。

大业二年（公元606年），左仆射杨素功高盖主，杨广便起了杀他之念。杨素得了病，却不肯吃药，他对弟弟说："我现在死了，恰到好处，若再活下去，难说要遭到什么厄运呀！"不久杨素病故，果然死得风光，家属和财产得以两全。

杨素死了，但他还有个儿子叫杨玄感。杨玄感认为父亲杨素虽未被杨广毒死，但也是杨广间接杀害的，就有了报仇的念头。

大业九年（公元613年），隋炀帝杨广第二次率大军去辽东征讨高句丽，命杨玄感去黎阳督运粮食。杨玄感趁此机会，带领大家一起造反。按事先与部下王仲伯、赵怀义商议好的编制整编队伍，附近农民听说这里有造反的队伍，也纷纷跑来加入。

杨玄感将队伍休整了一些时日，便想发兵攻打杨广。但他拿不定主意，先打哪里最好，于是便去找好友李密商议。李密是一个胸怀大志、得之淡然、失之泰然的人，他们两个是亲密的朋友。

杨玄感来到李密的寝帐，发现他正在秉烛夜读。李密见杨玄感来了，忙站起身笑道："杨兄可是为发兵一事而来？"

　　李密为杨玄感出了上、中、下三条计谋，杨玄感却偏偏选择了李密的下策。他认为打下了东京都洛阳，大隋的江山即到手一半了。到那时，东征军必人心动摇，自己再乘胜追击，便可杀死杨广，号令天下了。李密见他执意要先攻洛阳，也不便再劝，只在心中叹息了一声，暗暗为自己做日后的打算。

　　次日清晨，杨玄感便让他的弟弟杨玄挺为先锋，亲率5万大军直逼洛阳，结果并没有拿下洛阳。他决定放弃洛阳，采取李密的中策，攻打长安。杨玄感的军队毕竟没有经过多少正规训练，人数又比隋军少，被隋军分割成小块，各个歼灭。杨玄感和他的弟弟见大势已去，拨马落荒而逃。跑了不知有多久，来到一个叫葭芦戍的地方。杨玄感回头一看，只有弟弟杨积善一人跟在自己身后。想到自己轰轰烈烈的起义就这样失败了，他不禁长叹一声："唉，悔不该不听李密之言。"又转身对弟弟说，"我不能死在隋

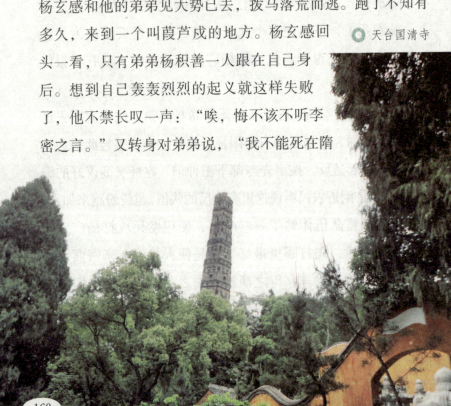
天台国清寺

军手中，你杀了我吧！"

杨积善怎忍心对自己的亲哥哥下手？杨玄感见状大怒，痛斥他。杨积善无奈，上前一剑将哥哥刺死，自己正欲横剑自刎，追兵赶来，将其擒获。

隋炀帝从辽东返回后，即刻下令将杨氏兄弟全部杀光，一个不留，又命人将杨玄感的尸体焚毁。这还不解恨，又对御史大夫裴蕴说："杨玄感造反，竟有十万之众随从！看来天下人还是太多了，多杀些也无妨，还可惩戒后人！"

裴蕴等人按杨广的旨意，大开杀戒。凡是与杨玄感沾亲带故，甚至只是沾一点儿边的全部杀死，连得过杨玄感救济粮的老百姓也不放过。

这次杨玄感造反失败，战斗中死亡和受株连被杀的人数远远超过十万之巨，损失惨重。

 历史聚焦 LISHI JUJIAO

杨素（公元544年—606年），字处道，汉族，弘农华阴（今属陕西）人。隋朝权臣、诗人，杰出的军事家、统帅。他出身北朝士族，北周时任车骑将军，曾参加平定北齐之役。他与杨坚（隋文帝）深相结纳。杨坚为帝，任杨素为御史大夫，后以行军元帅率水军东下攻陈。灭陈后，晋爵为越国公，任内史令。杨广即位，拜司徒，改封楚国公，去世后谥曰景武。

李密投奔瓦岗军

"隋军只要围困数日，我营中军无粮草，必不战自败。明公，我李密本欲辅佐您号令天下群雄，推翻大隋，建立开明盛世，不料明公若此，如何成就大事？"就是李密这番话，从此，瓦岗军开始形成严密的义军组织，声势更加浩大，大大动摇了隋王朝的统治。

大业九年（公元 613 年）李密与好友杨玄感起兵造反，公开抵抗隋朝的残暴统治。但由于杨玄感不听李密之计，招致失败身亡。李密被捉，他同王仲伯等 17 人作为重犯押送京都交由杨广亲自处理。李密足智多谋，途中先以利诱之，后将押送的禁军灌醉，趁月黑风高与王仲伯二人逃走。

不料，不久民间流传起一首童谣：

桃李子，皇后绕扬州，宛转花园里。

勿浪语，谁道许？

杨广对这首童谣思来想去，认为将来会有一位李姓的人夺取他的皇帝宝座。杨广果然想到李渊，便降旨宣他进京，伺机除掉。李渊用了障眼法，使一家人逃过此劫。

可是杨广还是不肯罢休，他一门心思要揪出那个要侵夺自己皇帝宝座的李姓之人。后来想起李密曾经与杨玄感造反，就立即降旨：全国搜捕朝廷钦犯李密！

这下可苦了李密，他得知有一支翟让领导的一万之众的农民义军，便前去投奔。翟让以瓦岗寨（今河南滑县南）为根据地揭起反隋大旗。此人生性豪爽，为人大度，很受人尊敬，他早就对李密同杨玄感反叛朝廷的举动感到佩服，今见李密前来投奔，由衷地表示欢迎。

李密初到瓦岗，便主动去附近游说小股义军参加翟让义军。也算他真有本事，又加上翟让在此地威信颇高，很快便有许多小股部队前来投奔，翟让自是高兴，举双手欢迎。但瓦岗军队伍虽然壮大了，可僧多粥少，粮食又不够吃了。

此时瓦岗军先锋将领王伯当、徐世绩已占领荥阳城东的金关。翟让、李密率大部队攻下荥阳附近各县，对荥阳形成包围之势。但翟让曾吃过张须陀两次败仗，一听他来立刻下令要撤兵。

李密却觉得张须陀虽然厉害，但他有勇无谋，不必怕他，翟让便让李密主持军务。李密也不客气，当仁不让，立即着

● 李密故里

手布置，杀掉了隋军主帅，主帅一死，隋军更是纷纷败逃。朝廷闻听张须陀没捉到李密，反而大败而亡，非常震惊。杨广即命令裴仁基为河南讨捕大使，全力对付瓦岗军。

再说荥阳一仗，瓦岗军大胜，翟让从此对李密更是刮目相看，打心眼儿里佩服。他不想埋没人才，就说服王伯当、李公逸等各部义军全归李密领导，号称"蒲山公营"。

历史聚焦 LISHI JUJIAO

大业十三年（公元617年）二月，瓦岗军攻取洛口仓，并开仓放粮。仓城周围二十多里，城里挖了三千个大窖，每个窖里贮藏着八千石粮食。这都是隋王朝的战略储备粮。流离失所的农民一听到攻打粮仓，个个摩拳擦掌，勇气百倍，他们向兴洛仓发起猛攻。驻守在兴洛仓的隋军虽奋力抵抗，但是怎么也抵挡不住像插翅猛虎一般的瓦岗军，兴洛仓被攻破了。瓦岗军攻破兴洛仓以后，立刻发布命令，开仓放粮。

◎ 瓦岗寨

李渊反隋

唐军与突厥展开战斗。李渊派副手高君雅统兵，与马邑郡守王仁恭联合，结果被突厥打败。按照隋朝的法律，战败是要受到惩罚的，江都（扬州）隋炀帝派人前来，要处决王仁恭，同时也囚禁了李渊。所谓囚禁，其实是就地免职，等候进一步处分。

大业十二年（公元617年），隋朝政权已处于风雨飘摇之中。各地的农民起义此起彼伏。山西魏刀儿率领的两万民众便是其中较著名的一支。

这一天，魏刀儿率领自己的部队前去攻打西河（今山西汾阳），太原留守李渊带兵抵挡。这李渊是个颇会用兵的大将，最后大胜。这一仗的胜利，使李世民增添了夺取天下的勇气。第二天一大早，他就来见父亲李渊，父子俩谈得很投机，说到兴奋处，李世民起身施礼，对李渊道："父亲，大隋皇帝杨广，昏庸残暴。天下黎民涂炭，各地起义军纷起讨伐。以父亲领兵之才，何不就此起兵，做个乱世枭雄呢？"其实李渊面对当时的形势，早就萌生了脱离朝廷、独闯一番事业之心。李渊此刻不敢起兵是害怕失败遭到诛灭九族的下场，所以慎之又慎，犹豫不决。

几天之后，裴寂请李渊来晋阳宫喝酒。酒过三巡，菜过五味，两人都有点儿飘飘然。李渊醉得一塌糊涂，裴寂可没醉，用计让李渊稀里糊涂便跟两位美人上了床。

午夜时分，李渊一觉醒来。他穿上衣服，就向外逃。刚一出门，正好遇到裴寂。李渊慌忙东张西望道："我与裴公平素交好，你，你怎能如此害我……"

裴寂笑道："如何是我害你？我百般阻拦不住，只好在外给你放哨，你此时怎么又怪起我来了？"

李渊被裴寂一顿抢白，一时语塞，想到万一这事被杨广知道，自己哪里还能有性命在？

李渊不知，这其实就是二儿子李世民为逼迫自己起兵而施的一个貂蝉之计。李渊与其坐以待毙，不如起兵造反。

李渊虽决定起兵造反，但还有后顾之忧，他担心尚在河东的家眷和在长安的女儿的安全，不料二儿子李世民一听父

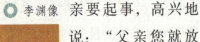

李渊像

亲要起事，高兴地说："父亲您就放心地干吧，家里人我都派人接到晋阳来了，您不必担心。"

李渊才意识到，自己在晋阳宫"私淫宫女"一事说不定就是二儿子一手策划的。但事已至此，他不便再说什么，反而在心中暗

暗赞叹儿子机警过人。

李渊觉得要想推倒大隋，仅仅依靠自己的力量是不够的。他想：突厥兵骁勇善战，如能联合过来，那就再好不过了。于是写了一封措辞谨慎谦恭的求援信，请求始毕可汗出兵相助，共同抗击杨广。始毕可汗早就对杨广怀恨在心，正找不到机会呢，一见李渊的信，立刻答应出兵。

李渊很有军事才能，治军有方，纪律严明，对百姓秋毫无犯。而且他深知天下人都拥护有道之人，所以从不滥杀无辜。李渊率领他们的大军南征北战，后又与瓦岗军联合，加上二儿子李世民及其他众多谋士的辅佐，最终推翻了隋朝杨广的统治，成为唐朝的开国之君。

历史聚焦 LISHI JUJIAO

　　刘武周，出身于豪富之家。年轻时骁勇善射，喜结交豪侠，他的兄长刘山伯便经常告诫他："你不择友而交，最终会毁灭我们整个家族的。"并责骂羞辱他。刘武周因此离家前往洛阳，投奔隋太仆杨义臣。公元612至614年（大业八年至十年），隋炀帝曾三次进攻高丽，刘武周应募东征，因军功被提拔为建节校尉。东征师还，刘武周返归马邑，担任鹰扬府校尉。

隋炀帝之死

大唐盛世的光彩中，隐约可见隋炀帝的背影。国破身死的亡国天子，市井传说的荒淫皇帝，成王败寇的人们总爱涂黑失败者的声名。但人写的历史又怎能永远掩盖真相，大运河沟通南北，如金色的血脉滋润众生；洛阳城巍峨天下，在千百年的风雨中见证兴衰，承载文明。它们已经为"伟大的暴君"书写了他真实的墓志铭。

　　大业十二年，杨广巡幸江都。为此大兴土木，在江都建了100多座宫殿，在民间又广选美女，沉湎于酒色歌舞之中，越发不理朝政。

　　此时，各地义军风起云涌。杨广闻听黄河一带的老百姓起兵造反的消息，吓得再也不敢回国都大兴（今陕西西安）去了。他觉得北方再也不能照原样统治下去了，便不思平定中原的混乱局势，反而要再往南走，迁都丹阳（今南京），并下令派人修建丹阳宫。

　　被他带到江都的十几万军队大都是陕西、甘肃人。他们随杨广出来已有一年多，本来就思乡心切，听说杨广再也不回国都大兴而要迁都丹阳，都想私自逃回乡里。几个隋军军官司马德戡、元礼、裴虔通几人在一起商量谋反。第二天，司马德戡便来告诉众人，裴虔通已同意做内应，要大家今晚包围皇宫。

　　当晚，杨广在龙榻上翻来覆去睡不着，刚要迷迷糊糊睡去，忽然，元礼、宇文化及等人率禁军闯进来，不由分说，将杨广抓起来，押往前殿。来到前殿，只见殿前禁卫军黑压压一片，而自己左右两旁站着的，正是裴虔通和元礼。杨广哪见过这阵势？战战兢兢地问："你，你们要干什么……"

"干什么，我们要杀了你这昏庸无道、罪不可赦的暴君！"宇文化及厉声喝道。

"我，我有何罪？"杨广自知难免一死，但求生的欲望还是使他壮着胆子问道。

宇文化及一听，不慌不忙让禁军郎将马文举拿出早已准备好的告示，逐条列举了杨广的种种罪行：滥杀无辜、草菅人命、骚扰百姓、频繁对外征讨、劳民伤财、骄奢淫逸……

杨广早已明白眼前的阵势，又听马文举所列句句属实，叹口气道："我是该如此下场……"

宇文化及一听，拿剑便要上前，不料，杨广突然脸色惨白地说道："我虽该一死，但也曾贵为天子，还是拿毒酒来吧！"宇文化及哪里肯再理他，一剑便要将他刺死。裴虔通却一把拦住，道："宇文兄听我一言，还是依了他吧！"说着从怀中掏出一条早已准备好的练巾。杨广感激地看了一眼自己这个从前的亲信。裴虔通也不看他，将练巾绕在杨广脖颈之上，拉住一头。宇文化及见状，也只得依他，拉住练巾另一头，二人一齐用力，不一会儿，隋炀帝杨广便一命归西。至此，这个在位14年的暴君结束了他罪恶的一生。

杨广12岁的儿子杨杲见父皇被人绞死，吓得大哭，裴虔通上前一刀结果了他。殿外众军士见杨广父子已死，欢呼雀跃，纷纷收拾行李准备回家。不料裴虔通道："弟兄们，现在各地义军迭起，战事不断。弟兄们如若单身回家，恐遭不测，不如我们拥宇文化及将军为帅，扯起大旗，造反朝廷，一起杀回老家，成就一番大业！"众将本都是血性男儿，又听裴虔通此话有理，便纷纷表示愿和宇文化及一起成就大事。后来这支队伍也成为义军中较重要的一支。

再说李渊，闻听杨广父子被杀，心里还真有些不是滋味，甚至还滴了几滴眼泪。因为他与杨广是表兄弟。但转念一想，这样也好，早晚得除掉他们父子，这下还省得自己亲自动手了，不由得心中又一阵高兴。

不久，李渊觉得时机成熟，便逼小皇帝杨侑禅位。杨侑哪敢不听，只得依从。

大业十四年（公元 618 年）李渊登基坐殿，当了皇帝，立国号为唐，改元武德。从此，开始了盛唐之史。

历史聚焦 LISHI JUJIAO

京杭大运河，是世界上里程最长、工程最大、最古老的运河之一，与长城并称为中国古代的两项伟大工程。大运河北起北京（涿郡），南到杭州（余杭），途经北京、天津两市及河北、山东、江苏、浙江四省，贯通海河、黄河、淮河、长江、钱塘江五大水系，全长约 1794 千米，开凿到现在已有 2500 多年的历史。其部分河段依旧具有通航功能。

唐　朝

唐朝（公元618年—907年），是中国封建社会继隋朝之后的强盛的朝代。共历274年（包括武周是289年），20位皇帝。

唐朝世系图

帝王	年号/在位时间	公元
高祖（李渊）	武德（9）	618
太宗（李世民）	贞观（23）	627
高宗（李治）	永徽（6）	650
	显庆（6）	656
	龙朔（3）	661
	麟德（2）	664
	乾封（3）	666
	总章（3）	668
	咸亨（5）	670
	上元（3）	674
	仪凤（4）	676
	调露（2）	679
	永隆（2）	680
	开耀（2）	681
	永淳（2）	682
	弘道（1）	683
中宗（李显）	嗣圣（1）	684
睿宗（李旦）	文明（1）	684

帝王	年号/在位时间	公元
武后（武曌）	光宅（1）	684
	垂拱（4）	685
	永昌（1）	689
	载初（1）	690
武后（武曌）	天授（3）	690
	如意（1）	692
	长寿（3）	692
	延载（1）	694
	证圣（1）	695
	天册万岁（2）	695
	万岁登封（1）	696
	万岁通天（2）	696
	神功（1）	697
	圣历（3）	698
	久视（1）	700
	大足（1）	701
	长安（4）	701

帝王	年号/在位时间	公元	帝王	年号/在位时间	公元
中宗（李显）	神龙（3） 景龙（4）	705 707	文宗（李昂）	宝历 大（太）和（9） 开成（5）	826 827 836
睿宗（李旦）	景云（2） 太极（1） 延和（1）	710 712 712	武宗（李炎）	会昌（6）	841
玄宗（李隆基）	先天（2） 开元（29） 天宝（15）	712 713 742	宣宗（李忱）	大中（14）	847
肃宗（李亨）	至德（3） 乾元（3） 上元（2）	756 758 760	懿宗（李漼）	大中 咸通（15）	859 860
代宗（李豫）	宝应（2） 广德（2） 永泰（2） 大历（14）	762 763 765 766	僖宗（李儇）	咸通 乾符（6） 广明（2） 中和（5） 光启（4） 文德（1）	873 874 880 881 885 888
德宗（李适）	建中（4） 兴元（1） 贞元（21）	780 784 785	昭宗（李晔）	龙纪（1） 大顺（2） 景福（2） 乾宁（5） 光化（4） 天复（4） 天祐（4）	889 890 892 894 898 901 904
顺宗（李诵）	永贞（1）	805			
宪宗（李纯）	元和（15）	806			
穆宗（李恒）	长庆（4）	821			
敬宗（李湛）	宝历（3）	825	哀帝（李柷）	天祐	904

朝代简介

　　隋末天下群雄并起，公元 617 年唐国公李渊发动晋阳兵变，次年在长安称帝建立唐朝，因皇室姓李，故又称为李唐。唐太宗继位后开创贞观之治，唐高宗承贞观遗风开创永徽之治，之后武则天一度以周代唐，神龙革命后恢复大唐国号。唐玄宗即位后励精图治，开创了经济繁荣、四夷宾服、万邦来朝的开元盛世，天宝末，全国人口达八千万上下。

　　安史之乱后藩镇割据、宦官专权导致国力渐衰，中后期又经元和中兴、会昌中兴、大中之治国势复振。公元 878 年爆发黄巢起义，破坏了唐朝统治的根基，公元 907 年朱温篡唐，唐朝覆亡，中国进入五代十国。

　　唐朝与当时阿拉伯帝国并列为世界上最强盛的帝国，声誉远扬海外，与亚欧国家均有往来。唐朝以后海外多称中国人为唐人。

玄武门之变

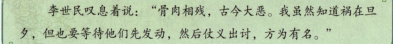
李世民叹息着说："骨肉相残，古今大恶。我虽然知道祸在旦夕，但也要等待他们先发动，然后仗义出讨，方为有名。"

李渊称帝以后，李建成被立为太子，但他时时感到秦王李世民对他的地位有很大威胁，他便同弟弟齐王李元吉密谋加害李世民，但几次都未能得逞。

为了削弱李世民的势力，李元吉想出一计，就是采用各种办法将秦王府的勇将接到自己这边来。李元吉平时最怕秦王府的尉迟敬德，就劝李建成和尉迟敬德结交，私下里送给他金银器皿，但被尉迟敬德义正词严地拒绝了。李建成、李元吉见贿赂收买不成，怀恨在心，就派人去刺杀尉迟敬德，最后失败而归。他们见行刺未得手，便又生一计，向高祖李渊诬告尉迟敬德有意谋反。高祖听后，欲杀尉迟敬德，幸亏李世民入朝劝谏才免其罪，临淄侯房玄龄和杜如晦与李世民的关系特别密切，因而遭到了李建成的忌恨。高祖李渊听信他的谗言，将房玄龄和杜如晦撤职，不许他们再去接近李世民。李世民内心非常愤恨，且因皇上一再相信谗言，也就越发感觉到自身的危险。

长孙无忌和房玄龄是莫逆之交。房玄龄私下对无忌说："现在皇太子要谋害李世民，这样必然危害国家，不如劝他废掉皇太子。"无忌将这话告诉了李世民，李世民征求属下意见，杜如晦也劝他听房玄龄的话，几位大将也都劝李世民快拿主意。李世民对此仍犹豫不决说道："都是亲兄弟，怎忍心下手？"

李世民得知齐王元吉和太子建成定计，想置他于死地。李世民决定先发制人。

那天晚上，太白星从秦地上空经过。太史令傅奕密奏高祖："太白星在秦地上空出现，秦王当占有天下。"高祖李渊听了心中很不高兴。

正在这时，李世民来到，他请求父皇撤去左右，密奏太子、齐王淫乱后宫。李世民又说："臣儿自想，没有一点儿辜负兄弟的地方，偏他二人时时欲加害于我，求父皇开恩保护孩儿。"说完竟哭了起来。李渊见一向勇猛的儿子竟委屈地哭了，

○ 玄武门

175

不觉一惊，忙说："明天早朝再问。"

李世民随即退下，回到王府便开始布置计划。半夜时分开始调兵遣将，命长孙无忌带领人马埋伏在玄武门。

李元吉和李建成二人骑马前往玄武门。到了临湖殿听说皇上已召集六部大臣临朝审问，二人便知大事不好，掉转马头往回跑。忽听背后有人喊："太子、齐王，为什么不上朝？"李元吉回头一看，正是李世民。二人也不答话，举起随身带的弓箭，拉弓连射三箭，李世民忙闪身躲过，把最后一支箭一把抓住。随即取弓向太子建成射去。太子建成一箭就被射下马来，当场死了。李元吉一看不好，骑马便逃，迎头碰上尉迟敬德，又勒马往回跑，正赶上李世民追赶上来，冷不防李元吉回马相撞，两人都坠落马下。李元吉起来就去抢李世

◉ 唐代古建筑

民的弓，尉迟敬德跑过来救起李世民，把李元吉吓跑了。尉迟敬德把李世民扶到屋里，转身去追李元吉。李元吉想跑到武德殿面奏高祖，还没跑到地方就听身后弓弦一响，转身一看，已来不及躲避，这箭不偏不倚正好射入咽喉。尉迟敬德上前把李元吉的头砍了下来，又跑到李建成身边，将李建成的头也砍下来。这就是发生于武德九年六月庚日，历史上有名的玄武门兵变。

此后，为安定社稷，高祖诏立李世民为太子。不久，李世民登基，他就是历史上赫赫有名的唐太宗。他整治朝政，开辟了贞观之治的盛世伟业，成为历史上的一代明君。

历史聚焦 LISHI JUJIAO

隋大业十二年（公元 616 年），李建成奉李渊之命留在河东，独当一面开展工作。他"于河东潜结英俊"，结交大批能人志士，以作为经营天下的人才储备。他对当时的形势和李渊的处境十分了解，太原起兵后建成曾对父亲说："儿等早蒙弘训，禀教义方，奉以周旋，不敢失坠。"正如吕思勉先生所言："至前此蓄谋叛隋，则二人（建成、元吉）亦不能不与也。"当时李氏宗族习武之风培养了李建成的政治、军事才能，他对于关系身家安危的大事不会无动于衷，因而当时是李渊反隋建唐活动的重要参与者。

贞观之治

太宗赞誉魏徵为"知得失"的"人鉴",在他死后,痛心地说:"以铜为镜,可以正衣冠;以古为镜,可以知兴替;以人为镜,可以知得失。魏徵没,朕亡一镜矣!"

唐太宗李世民登基之后,时时注意以隋朝的灭亡为鉴戒,重视人民的力量。他常说:"人君好比舟,人民好比水,水能载舟,也能覆舟。"他采取了许多轻徭薄赋、与民休养生息的政策,促进农业生产的迅速恢复和发展。

唐太宗还大力提倡节俭,并以身作则,以减轻国家和人民的负担。唐太宗还严厉禁止厚葬,规定五品以上的官员和勋亲贵族都要严格遵照执行。他在安排自己的陵寝时,亲自制定规格:以山为陵,能放得下棺木就行。对于官员们的奢侈行为,唐太宗也明令禁止。

唐太宗以"求贤如渴""知人善任"著称。他认为,"致安之本,唯在得人""为政之要,唯在得人",很重视选官用人。他主张"为官择人,唯才是与,苟或不才,虽亲不用"。所以,在唐太宗周围,有出身士族的长孙无忌、房玄龄和杜如晦,有参与谋害自己的东宫旧臣魏徵、王珪,有出身寒微的马周、张亮和刘洎,还有少数民族的首领。他对这些人,都能"量才授职""各取所长",委以重任。由于唐太宗善于举贤任能,多方面精选人才,所以,贞观时期人才济济,一批有才干的文臣武将，尽为其所用。

玄武门之变前后，李建成的东宫集团中出谋划策和动用武力想谋害唐太宗的人很多。玄武门之变后，李世民不计前嫌，对他们加以提拔重用，把他们作为自己的重要助手。

对于自己的亲属、旧部下和亲信，唐太宗也不滥加任用，而是坚持任人唯贤的原则，量才授官。由于唐太宗重视选拔贤才，使得贞观年间人才之盛，为历朝所少见。唐太宗在位期间，共用宰相27人，绝大多数都是当时的杰出人才，这就为改善吏治，促进政治的清明提供了保证。

◉ 唐太宗像

魏徵为人正直，敢于直言，很得太宗的重用，先后担任谏议大夫、给事中、秘书监等要职，位列宰相，他前后共向太宗进谏了200多件事，大多数都被太宗采纳。唐太宗还任用敢于直言的房玄龄和杜如晦为宰相。贞观时期，由于一大批大臣"直言极谏"，太宗"从谏如流"，开拓了君臣共商国是的开明政局，使一些流弊得到及时纠正，使一些好的政令措施得以贯彻。

谏诤之风是"贞观之治"的重要体现。

历史聚焦 LISHI JUJIAO

　　唐太宗喜欢玩鸟,有一天,他得到一只形态俊逸,毛、色漂亮的鹞鸟,十分宠爱,便放在手掌中赏玩不已。这时魏徵从远处走来,太宗急忙把鹞鸟藏在怀里。魏徵发觉了,就前来向太宗禀告事情,他还向太宗讲述古代帝王由于贪图安逸享乐、沉醉声色犬马而最终丧国灭身的事,劝谏"明君"当以此为戒。魏徵滔滔不绝地讲着不想停下来,那鹞鸟在太宗怀里快被憋死了,太宗感到可惜,但他一向敬重魏徵,不想打断他的话。魏徵便没完没了地讲下去,直到那鹞鸟死在了太宗的怀里。

◎唐代风格古建筑

李靖的功业

博古通今的李靖十分清楚，在英明神武的唐太宗面前，恪守君君臣臣的那一套最为保险，在朝堂之上，他"恂恂然似不能言"，从不乱发意见，老成持重，博得了"一代楷模"的赞誉。

李靖出身于官宦世家，他的父亲李诠曾为隋朝赵郡郡守。李靖自幼就受到了良好的教育，文武双全。李靖还有一个名满天下的舅舅，就是捉住过陈后主的韩擒虎，这位隋朝名将对外甥赞不绝口："可与我讨论孙吴兵法的人，只有李靖。"

不知为何，最开始李靖的官一直没做大，当时，李渊奉隋廷诏命勒兵在塞外出击突厥，李靖已经得知这位唐公有不臣之意，就想密报李渊要造反的消息。不久，李渊攻克长安，马上把李靖抓起来亲自监斩。李世民知道李靖是个大英雄，他数次恳请李渊放掉李靖，最终李靖才得以免死。

公元623年，江淮地区的农民军领袖辅公祏再次反唐，李渊任命李孝恭为元帅，李靖为副元帅，发兵围剿辅公祏的江淮军。辅公祏自守丹阳，其部将冯慧亮、陈正通驻守博望山和青林山，占据有利地形，坚守不战。唐军诸将提议，绕道进攻丹阳，只要丹阳城破，冯慧亮等人必然不战自溃。李靖否决了这一提议，他说："丹阳城防坚固，如果我们不能一举拿下，冯慧亮等人再从背后进攻我们，我军腹背受敌就很危险了。"李靖说出了破敌之策，马上被李孝恭采纳。江

淮军损失惨重，一败涂地，博望、青林相继失陷。李靖乘胜进攻丹阳，辅公祏弃城而逃，路上被属下出卖，在浙江武康镇被献给了唐军。江淮平定了，唐朝基本上统一了中国。李靖居功至伟，被唐高宗升为兵部尚书，担任扬州都督府长史，和李孝恭一起出镇江南。

太宗李世民继位后，拜李靖为刑部尚书，贞观三年，封兵部尚书。当时，突厥诸部离叛，唐朝方盛，正想报昔日委曲求和之怨，就派李靖为代州道行军总管，乘间讨伐。李靖仅率三千骑兵，自马邑飞奔至恶阳岭，突厥突利可汗大骇，望着忽然出现的唐军，说："唐兵如果不是倾国大军随后，李靖断不敢孤军深入！"李靖立营，也不马上进击，和突利可汗打心理战。突利可汗"一日数惊"，寝食不安。李靖摸

● 李靖故里

清突利可汗底细后，又暗中离间可汗左右，使突利可汗亲信大将康苏密来降。贞观四年，李靖进击定襄，生擒隋齐王杨暕的儿子杨正道，及落入突厥多年的隋炀帝皇后萧氏。突利可汗大败，仅以身免。太宗李世民大喜，晋封李靖为代国公，并对凯旋的李靖夸道："从前李陵将五千兵入塞北，不免身降匈奴，但还能因勇武而青史留名。爱卿你以三千轻骑深入虏廷，克复定襄，威震北狄，真是古今未有之奇迹！"

公元634年，李靖以足疾请辞宰相之位，获得恩准，但唐太宗仍然请求他每隔几日去参加宰相会议。

贞观九年（公元635年），吐谷浑进犯边塞，太宗对侍臣说："如果以李靖为元帅，战胜不难啊。"已经退休在家的李靖听说了此事，就对房玄龄说："靖虽年老，固堪一行。"太宗大悦，就以李靖为西海道行军大总管，前往征伐吐谷浑。他率领大军前后与吐谷浑大战数十次，杀伤甚众，大破其国。最后被迫无奈，吐谷浑贵族杀掉可汗前来归降，唐军扶立听话的慕容顺为王，李靖凯旋，被封为卫国公。

贞观二十三年（公元649年），李靖病死于家，时年79岁，陪葬昭陵。

历史聚焦 LISHI JUJIAO

韩擒虎年少时，粗犷豪迈，以有胆识和谋略而著称，体貌魁梧伟岸，有一副英雄豪杰的仪表。他又喜欢读书，经书、史书、百家之言都略知大旨。

唐玄奘 "西天取经"

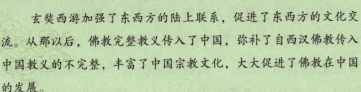

玄奘西游加强了东西方的陆上联系，促进了东西方的文化交流。从那以后，佛教完整教义传入了中国，弥补了自西汉佛教传入中国教义的不完整，丰富了中国宗教文化，大大促进了佛教在中国的发展。

唐玄奘原姓陈名祎，玄奘是他的法号。隋仁寿二年（公元 602 年）生于河南偃师。其父陈惠曾任江陵县令，其兄长捷在洛阳净土寺为僧。隋大业十年（公元 614 年），陈祎也在净土寺剃度为僧。唐王朝建立后，玄奘与其兄辗转至成都定慧寺。在多年苦心研读佛经的过程中，他发现国内佛经不仅残缺不全，而且错误纰漏颇多。为了了解经典真义，寻求佛法究竟，他决心亲自到佛教圣地天竺国求取真经。

贞观三年（公元 629 年）秋季，关中一带发生灾荒。唐太宗李世民降旨：允许百姓出关到各地谋生。27 岁的玄奘认为机会来了，夹在灾民之中，出了长安城，开始了漫长的西行之路。

他途经秦州、兰州，到达凉州（今甘肃武威）。玄奘出了凉州，一路风餐露宿，到了瓜州（今酒泉）。

但是李太亮不知怎么知道了玄奘出关的消息，早派兵向瓜州送发了追捕玄奘的公文，幸亏瓜州刺史独孤达信仰佛教，尊重僧人，他没有捕抓玄奘，只是让他快些离开。

这一天，玄奘来到玉门关外的第一座烽火台下，被校尉王祥发现，将他盘问一番，但并未为难他，因为王祥信仰佛教，深为玄奘求取真经的精神所感动。临别还告诉他一条可躲过两座烽火台的小路，并写了一封信让他交给第四座烽火台的守将王伯陇。

玄奘绕过了第五座烽火台，进入莫贺延碛（罗布泊和玉门关之间）。沙漠之中晚秋的气候温差特别大。当地有句俗谚称："早穿皮袄，午穿纱，围着火炉吃西瓜。"这是丝毫不夸张的。玄奘白天顶着炎炎的烈日，晚上冒着凛冽的冷风，在沙漠中艰难行进了两

● 玄奘雕像

天，又疲又累，到了第三天，他不小心竟将仅有的一皮囊水给洒光了。继续往前，至少还要七八天的时间才能走出沙漠，又何况沙漠之中酷热难耐，没有水怎么行呢？玄奘想折回去取水，但一想自己曾有"不取到真经，绝不退回一步"的誓言，便又继续前行。

玄奘终于走出戈壁大漠，来到伊吾（今新疆哈

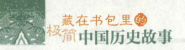
密）。玄奘在高昌国讲了几天经，颇受欢迎。高昌国国王曲文泰非常欣赏他，送别之时，赠给玄奘许多衣物、几十匹好马，又派 25 人护送。同时还让玄奘带上他给沿途 24 个国王写的亲笔信，请求他们给玄奘方便。玄奘一路从未受此厚待，万分感动，更坚定了西去求取真经的决心。

贞观五年（公元 631 年）十月初，玄奘到佛教最高圣地那烂陀寺潜心学习，师从戒贤法师。戒贤是非常著名的得道高僧，本因年老已久不讲学，但为了玄奘竟破例连续讲了 15 个月。玄奘在这里刻苦钻研了 5 年，不负众望，终于成为第一流的得道高僧。从此之后，有许多国家请他讲学，因此，他得以周游印度，增加了自己的阅历见闻，为他日后编述著作打下了基础。

○ 玄奘

贞观十六年（公元 642 年）春，玄奘携带自己所收集的 657 部佛经从那烂陀寺开始启程返回大唐。此外，还有热带、亚热带的树木和花草种子，以及戒日国王送他的大象、马匹和护送人员一同上路。

进入大唐境内之前，他特将自己这 17 年的情况写成简明的表文，托人捎至长安呈送太宗李世民，以求赦免私自出国之罪。李世民看后又惊又喜，亲写敕文，要玄奘速来长安。

　　贞观十九年（公元645年）正月二十四日，玄奘终于回到阔别19年的长安。走的时候，他才27岁，回来时，已经46岁。玄奘一生共译经论74部、1365卷。在他逝世前一年冬，还坚持完成了我国佛教经典中卷帙最大的《大般若经》600卷。他对于中国佛教文化做出了卓越的贡献，他的故事被永远地流传下来。

历史聚焦 LISHI JUJIAO

　　公元7世纪，一个大唐的僧人踏上了丝绸之路，他要前往遥远的西方，寻求佛法。大漠雪山，他命悬一线，城堡森林，他九死一生，怀着坚定的信念，他终于抵达心中的圣地；19年时间，110个国家，5万里行程，在异国的土地上，他被奉为先知；在佛陀的故乡，他成为智慧的化身。因为他的缘故，大唐的声誉远播万里，就连他脚上的麻鞋，也被信徒供为圣物。然而他放弃了一切荣耀，依然返回故土。这是前无古人、后无来者的成就。他离世的时候，大唐的皇帝悲痛不已，百万人哭送。

一代女皇武则天

> 武则天尽管对权力的攫取有些不择手段，但她确实创造了一个奇迹。她在那样一个时代里，高高凌驾于世人之上，堪称一位奇女子。但是，谁也不能预料，这个不同寻常的女人将来会给大唐王朝带来什么。

武则天连施毒计铲除了后宫的两个劲敌：王皇后和肖淑妃，又使出浑身解数俘获住高宗李治的心。不久，高宗李治就不顾重臣反对，册封武则天为皇后。

王皇后和肖淑妃以前是敌人，现在两人在一起艰难度日，互相之间还稍有慰藉，只是绝口不提当初之事，以免揭痛疮疤。高宗李治闲来无事，忽然记起了肖淑妃和王皇后，便信步来到冷宫看望她俩。萧淑妃趁机哀求高宗放她们出去，高宗动了救二人的念头。但是，高宗李治想得太简单了，没等他动手救人，已经有人先他一步开始行动了。

原来，武则天刚从荣国夫人府回来，便听说了高宗李治去冷宫看望肖淑妃、王皇后二人之事。武则天一听，心里一惊，心中想道：王皇后倒也没什么，只是那肖淑妃为人颇有心计，我不能不防备她。思来想去，便想出一条毒计。她将高宗灌醉，连哄带骗让高宗写下了诏书，但高宗酒醉之中却丝毫不知道自己写下了什么。武则天出了太极宫，便命两个宫监提着已准备好的食盒直奔囚禁肖淑妃、王皇后的冷宫而去，赐二位毒酒，王皇后饮鸩而死。

　　肖淑妃用阴惨惨的声音嚷道，死后要托生成一只猫咬死她的时候，她也不由得浑身一颤，只觉得后脊梁骨直冒冷气，便喝令宫监住手。命人将她砍去手脚，割去舌头，然后泡入酒中，活不得，死不得！可怜一个曾经花容月貌、备受皇帝宠爱的肖淑妃被折磨得人不人、鬼不鬼，受尽了痛苦，三个月后才咽下了最后一口气。

　　除去了王皇后、肖淑妃这两个心腹之患，武则天的下一个目标就是废太子。太子李忠是个聪明人，他也隐约听到过

◎ 乾陵

一些有关武则天害死王皇后、肖淑妃的事。心想，自己若不让位，她肯定不会放过自己，于是禀明高宗辞去了太子之位。武则天见立了自己的儿子李弘为太子，又建议高宗改元。高宗李治就依武则天定次年为显庆元年。

武则天完成了这几件事，心中对权力的欲望越来越膨胀，而朝中几位重臣对她夺取权力形成了巨大的障碍。武则天毫不手软，或诛除或贬谪，一一除掉。大臣褚遂良因不同意废王皇后遭到武后忌恨，好歹寻个理由将之贬离京都。韩瑗上书为褚遂良说了几句公道话，武后也不能容忍，"顺我者生，逆我者亡"，她指使亲信许敬宗、李义府诬告褚遂良、韩瑗

○ 乾陵

等人谋反。高宗李治不明真相，而且此时他已被武后牢牢控制在手中，根本没有自主权，遂把褚遂良、韩瑗贬谪到更偏远的地方。就连高宗李治的亲舅舅长孙无忌，武后也不放过，设计将其贬谪，这位唐朝元老羞愤难当，怒而自尽。

与此形成鲜明对比的是武后的娘家人。她的母亲被封为荣国夫人，姐姐为韩国夫人，哥哥武元庆为宗正少卿、武元爽为少府少监，就连堂兄武惟良也为司卫少卿……不仅如此，武后还在宫廷内外广插耳目，稍有风吹草动，她立刻就会得到消息。她就是这样一步步剪除朝中重臣，逐渐形成自己庞大的关系网，从此之后，朝中大权基本上落入武后之手。

历史聚焦 LISHI JUJIAO

武则天，其实"则天"二字，并非她的本名，而是她晚年退位之后，新皇帝李显给她的尊号"则天大圣皇帝"中的前两个字。此前她并没有用过这个名字，甚至闻所未闻。她去世后，谥号"则天大圣皇后"，到了玄宗天宝年间，又追尊为"则天顺圣皇后"，但是无论怎么变，"则天"这两个字一直保留着，成为唐朝人对她的一个基本评价。这个评价非常高，什么是"则天"？《论语》说"唯天为大，唯尧则之"。"则天"就是取则于天，取法于天。

黄巢起义

> 黄巢起义虽然最后失败了，但是给唐王朝以沉重的打击。唐王朝从此一蹶不振，直至灭亡。

　　僖宗即位不久，咸通十四年（公元873年），河南、山东一带，水旱灾害严重，粮食颗粒无收，但官府仍然催逼租税，从而激起民变。乾符元年（公元874年）底，私盐贩濮州（今河南范县南）人王仙芝领导农民几千人，在长垣（今河南长垣）起义，自称"天补均平大将军兼海内诸豪都统"。公元875年6月，王仙芝率领起义军，攻下濮州、郓州（今山东东平西北）、曹州（今山东曹县北）等地。这时，黄巢聚众数千人，在家乡起义，响应王仙芝。两军汇集之后，队伍迅速发展到几万人。

　　王仙芝和黄巢带领起义大军转战山东、河南一带，接连攻占了许多州县。每到一处，起义军开仓放粮、严惩贪官污吏，得到广大穷苦百姓的热烈拥护。唐朝中央政府见硬的一套不行，就采用软的手段。当起义军攻下蕲州的时候，他们派宦官去见王仙芝，封他为"左神策军押牙兼监察御史"的官衔。王仙芝听得有官做，贪图富贵，表示愿意接受朝廷任命，听从朝廷指挥。

　　黄巢得知这一消息，火冒三丈，连夜带上一支队伍，赶到王仙芝那里对其痛加责骂。王仙芝知道自己理亏，派人把唐朝派来劝降的宦官赶跑了。经过这次波折，两人无法再一起作战。黄巢决定与王仙芝分手，各自带领一部分义军，兵分两路进攻。由于王仙芝的叛变行为，引起起义军内部大多数人的不满，军心涣散。最后，他率领的这支起义军在黄梅（今湖北）被唐军打败，他本人也在这次战斗中被杀死了。

黄巢是个很有军事才能的农民起义军领袖，他看到唐朝在中原地区的军事力量比较强，决定避其精锐，选择唐军兵力薄弱的地区，带兵南下。他们顺利渡过长江，打进浙东。起义军一路上势如破竹，接连打下越州、衢州；接着，又劈山开路，打通了从衢州到建州（今福建建瓯）的七百里山路。经过一年多的征战，一直打到广州。

公元880年，黄巢带领60万起义大军，浩浩荡荡地开进潼关。黄巢亲自到阵前督战，将士们看到他们崇敬的黄王到来，齐声欢呼，声音响彻山谷，震天动地。守城的唐军将士听了，一个个吓得心惊肉跳，哪还敢抵抗，纷纷丢下武器，四下逃命。

起义军攻下潼关，唐王朝更加惊恐不安，唐僖宗和宦官田令孜带着几个妃子逃到成都去了。来不及逃跑的唐朝官员，全都出城投降。

这天下午，黄巢乘坐一顶轿子，在将士们的簇拥下和一片欢呼声中，威风八面地进入了长安城。长安城百姓扶老携幼，夹道欢迎。起义军打开仓库，把粮食和物品分给贫苦百姓，百姓奔走相告，到处传扬着起义军的恩德。

几天以后，黄巢在长安大明宫登上皇帝宝座，取国号叫"大

齐"。黄巢经过7年的艰苦斗争，终于取得了胜利。大齐政权势力范围只局限于东起华州、西至兴平、南抵商州的地区内，兵源、军资和粮食供应都很困难。

中和元年（公元881年）三月，唐僖宗在四川发布命令，号召各藩镇进击起义军。唐王朝为了镇压黄巢起义，召来了西北地区沙陀贵族、雁门节度使李克用，率领4万骑兵进攻长安。起义军当时有15万人，但因缺乏训练，抵挡不住这支训练有素的骑兵队伍，结果大败。黄巢没有办法，只好带领起义大军撤出长安。

当起义大军撤退到河南的时候，叛徒朱温会同李克用一起围攻起义军。起义军虽然经过英勇顽强的战斗突破重围，但损失惨重。公元884年，黄巢带领起义军攻打陈州（今河南淮阳）却久攻不下，又损失了不少人马。唐王朝政府军队在后面紧紧追赶，黄巢这时只有3万来人，退到泰山狼虎关时，被唐王朝大军重重包围，黄巢突围受阻，自刎而死。

历史聚焦 LISHI JUJIAO

王仙芝，唐末农民起义领袖。濮州（今山东鄄城北）人，贩私盐时奔走各地，为抗拒官府查缉，练会武艺。时关东大旱，官吏还要催缴租税、差役，百姓走投无路，聚集到王仙芝周围，于二年初，他从濮州濮阳（今河南濮阳西南）发出檄文，斥责唐朝吏贪赋重，赏罚不平，自称均平天补大将军、兼海内诸豪都统，率领起义军攻克曹州（今山东曹县）、濮州。

五代十国

五代十国（公元 907 年—960 年）这一称谓出自《新五代史》，是对五代（907—960）与十国（891—979）的合称，也指唐朝灭亡到宋朝建立之间的历史时期。五代是指 907 年唐朝灭亡后依次更替的位于中原地区的五个政权，即后梁、后唐、后晋、后汉与后周。

五代十国世系图

帝王	年号／在位时间	公元
后梁（公元 907 年—923 年）		
太祖（朱温）	开平（5） 乾化（5）	907 911
末帝（朱瑱）	乾化 贞明（7） 龙德（3）	913 915 921
后唐（公元 923 年—936 年）		
庄宗（李存勖）	同光（4）	923
明宗（李亶）	天成（5） 长兴（4）	926 930
闵帝（李从厚）	应顺（1）	934
末帝（李从珂）	清泰（3）	934

帝王	年号／在位时间	公元
后晋（公元 936 年—947 年）		
高祖（石敬瑭）	天福（9）	936
出帝（石重贵）	天福 开运（4）	942 944
后汉（公元 947 年—950 年）		
高祖（刘暠）	天福 乾祐（3）	947 948
隐帝（刘承祐）	乾祐	948
后周（公元 951 年—960 年）		
太祖（郭威）	广顺（3） 显德（7）	951 954
世宗（柴荣）	显德	954
恭帝（柴宗训）	显德	959

　　五代（公元907年—960年）有时也称为五代十国，一般认为从公元907年朱温灭唐到公元960年北宋建立，短短的五十四年间，中原相继出现了梁、唐、晋、汉、周五个朝代，史称后梁、后唐、后晋、后汉、后周。同时，在这五朝之外，还相继出现了前蜀、后蜀、吴、南唐、吴越、闽、楚、南汉、南平（即荆南）和北汉等十个割据政权，这十几个政权统称"十国"。这就是中国历史上的"五代十国"。

　　五代十国本质上是唐朝藩镇割据和唐朝后期政治的延续。唐末黄巢起义后，藩镇割据形势更甚，部分实力雄厚的藩镇先后被封为王，所建立的封国实际上已是高度自主的王国。唐朝灭亡后，各地藩镇纷纷自立，其中地处华北地区、军力强盛的政权控制中原形成五代。这五个依次更替的中原政权虽然实力强大，但无力控制整个国家，只是藩镇型的朝廷。而其他割据一方的藩镇，有些自立为帝，有些奉五代为正朔（后梁时期的晋、岐、吴除外）而称王称藩，其中十个历时较长且称王或称帝的政权被《新五代史》及后世史学家统称为十国。本时期时常发生地方实力派叛变夺位的情况，使得战乱不止，统治者多重武轻文。中国的内乱，也带给契丹南侵的机会，辽朝得以建立。

朱温称帝李唐亡

公元907年3月，朱全忠逼迫小皇帝禅让，自己如愿以偿，当上了皇帝。国号为梁，史称后梁，年号为开平。

朱温原为黄巢手下一员大将。唐军反扑围剿长安之时，采取分兵诱降政策。朱温禁不住物质利诱，背叛义军，投降朝廷，严重影响了义军力量。黄巢不得已退出长安，开往蓝田。而朱温却颇受僖宗礼遇，不仅封他为汴州（今河南开封）节度使，而且赐名"全忠"。

这一日，朱全忠正在府中闭目养神，做着他的升官发财梦。忽有军兵来报：雁门节度使李克用在城外要见将军。朱全忠闻听，慌忙起身，亲自出城迎接。

李克用变相说朱全忠是一位投降者，正戳中朱全忠的痛处。可李克用似乎丝毫没有注意到朱全忠的脸色，借着酒劲又故意用朱全忠的

○ 朱温画像

名字挖苦他，朱全忠气得脸色紫如猪肝，一拍桌子，噌地站了起来。在场的监军陈景思见状不妙，忙打圆场，道："李将军醉了，李将军醉了……"然后，不待朱全忠说话，便将李克用拉到住处休息。

李克用一走，朱全忠在屋中踱来踱去，从墙上摘下宝剑，出屋要去找李克用拼命。于是和手下大将杨彦洪商议给他点儿厉害，两人一拍即合，杨彦洪提议用火烧李克用所下榻的驿馆，这样，万一上边追查，还可逃脱罪责。朱全忠立即同意。

半夜时分，驿馆内火光一片。李克用的侍卫郭景看到外

僖宗墓

面火光冲天，把窗户都映红了，急中生智，端来一盆凉水，劈头盖脸地浇在李克用头上。李克用打个冷战，从睡梦中惊醒。李克用大惊失色，又见窗外火光冲天，慌忙爬起身。郭景对李克用真是赤胆忠心，二话不说，背起他就向外跑。此时，李克用的亲兵李嗣源、薛志勒等人也纷纷赶来，两下合在一起，保护李克用，向外冲杀。正在这时，天气骤变，惊雷暴雨，浇灭了大火。火灭后，冒出浓烟，又形成了掩护李克用逃走的烟幕，而不时亮起的闪电，又给他们照清了道路。朱全忠率一队军兵找了半天没找着，他在驿馆折腾了一宿，不见李克用踪迹，料定他已逃走，只好垂头丧气地收兵回府。

文德元年（公元888年）春，僖宗驾崩。他的弟弟李晔继位，即昭宗，改元龙纪。这一时期，军阀混战，互相争夺歼灭。最后，只剩三支力量较强的队伍：一个是陕西李茂贞；一个是山西李克用；另一个就是河南朱全忠。天复元年（公元901年），宦官给昭宗出主意，封李茂贞为岐王，进京辅佐，然后逐步铲除军阀势力。昭宗闻之有理，依计而行。因宰相崔胤依附于朱全忠，遂被昭宗贬谪出京。

宰相崔胤被贬谪出京都后，立即去见朱全忠，怂恿他发兵将皇帝从李茂贞手中夺过来，先控制在自己手中，然后伺机除掉，自己当皇帝。天复二年（公元902年），朱全忠率7万大军攻打凤翔。因城中断粮，无法再支持，李茂贞只得打开城门，将皇帝交给朱全忠。

天祐元年（公元904年），野心勃勃的朱全忠基本上统

一了黄河流域，他为实现其不可告人的目的，逼迫昭宗迁都洛阳。昭宗此时只是一个傀儡，只得在朱全忠的控制和监视之下来到洛阳，不久就遭到杀害，他9岁儿子李柷继位，年仅13岁，即哀帝。

朱全忠开始大肆屠杀李氏宗亲和唐朝官员，并将他们的尸体丢入黄河，不久，朱全忠又将唐朝最后一位小皇帝杀害。至此，唐王朝从公元618年李渊开国，到公元907年李氏禅位，共经历了23位皇帝，历时整整290年。

此后，中国开始了五代十国纷争的复杂局面。

历史聚焦 LISHI JUJIAO

崔胤（公元853—904年）：唐清河武城（今山东武城西北）人，字昌遐，一说字垂休。乾宁二年（公元895年）进士及第，多次升迁后官拜御史中丞。景福二年（公元893年），官拜宰相。与朱温相勾结，想要靠朱温除掉宦官。屡次被罢官，均因为朱温的支持再起，先后四次官拜宰相，当时人们称他为"崔四人"。天复元年（公元901年），崔胤遗书朱温，令他出兵迎驾，宦官韩全诲先劫昭宗到凤翔投靠李茂贞。天复三年，昭宗回到长安后，他劝朱温尽杀宦官，自任判六军十二卫事，筹谋另建禁军。第二年，被朱温杀死。

官场 "不倒翁"

"朝为仇敌，幕为君臣，易面变辞，曾无愧怍。"他自己说自己是："孝于家、忠于国，为子、为弟、为人臣、为师长、为夫、为父，有子、有孙，时饮一杯，食味、别声、被色，老安于当代，老而自乐，何乐如之？"因自号"长乐公"。

冯道从政是在唐末时，最初做幽州军阀刘守光的参军幕僚。后来，刘守光要发兵攻打易、定二州，冯道劝他不要轻易去攻打，刘守光不但不听，反把他关进监狱。

○ 冯道雕像

后来，刘守光失败了，冯道跑了出来，投奔大宦官、监河东军张承业。张承业任用他为巡官，又把他推荐给晋王李存勖。此后，他跟着李存勖南征北战，为后唐灭后梁立了不少功。公元923年，李存勖称帝，是为庄宗。国号唐，即后唐。

公元926年，庄宗死，李嗣源即位，是为明宗。

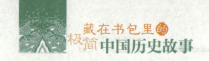

明宗比较有文化，对有文化的人也很重视。冯道当上了宰相。这是他第一次出任宰相。

冯道在政治上是有一番建树的。明宗当了 8 年皇帝，冯道做 7 年宰相。这个时期，中原的经济有所恢复和发展，在乱世之中出现了一个短时期的小康局面。这和冯道的辅佐是分不开的。为了让明宗把政事处理好，他常向明宗进谏，使其居安思危。后唐天成、长兴年间（公元 926—933 年），由于自然状况比较好，土地连年丰收。

冯道还在文化上做出了一件有意义的事，长兴二年（公元 953 年），在征得明宗同意后，主持刻印了儒家经典"九经"。这套书历时 22 年才刻成，成为中国文化史，也是世界文化史上的一件大事。

长兴四年（公元 933 年），明宗死，愍帝李从厚即位，冯道继续为相。

公元 936 年，石敬瑭借助契丹的力量，灭了后唐，建立后晋。冯道毫不犹豫就投奔了后晋，一顿巧言游

石敬瑭画像

202

说，石敬瑭又任用他为宰相，委以重任，让他出使契丹。冯道出使契丹，卑躬屈膝，挨骂受气，被契丹扣了两个多月，好不容易才被放回来。

冯道一回后晋，石敬瑭马上给他加官晋爵。后晋政权对外屈膝投靠，对内残暴无比，冯道作为重要臣僚是有责任的。

公元942年，石敬瑭死后，出帝石重贵继位。冯道仍然贵为宰相。

公元947年，刘知远建立后汉，冯道归附了汉，被封为太师兼中书令。

4年以后，即公元951年，郭威灭了后汉建立后周，冯道依然脸不变色心不跳地站到郭威的麾下，凭其三寸不烂之舌、两行伶牙俐齿、一张厚脸皮求得太师兼中书令之职。

公元954年，后周世宗柴荣即位，柴荣是郭威的养子，周世宗文治武功，很有作为。他初即位便赶上刘崇大举入寇。消息传到汴京，周世宗立刻召集大臣商量。他提出要亲自出征，大臣们说："陛下刚刚即位，人心容易动摇，不宜亲自出征，还是派个将军去吧！"周世宗说："刘崇趁我刚遭到丧事，又欺侮我年纪轻新即位，想吞并中原。这次他亲自来，我就必须自己去对付他。"

大臣们看周世宗的态度挺坚决，也就不作声了。只有一个老臣站出来反对，这就是太师冯道。他以老资格的身份来劝阻周世宗亲征。周世宗对冯道说："过去唐太宗平定天下，未尝不是自己亲自带兵，我怎么能苟且偷安呢？"冯道冷冷

地笑了一声说："不知陛下能否和唐太宗相比？"

周世宗看出冯道瞧不起他，激动地说："我有强大的兵力，要消灭刘崇，还不是像大山压卵一样容易！"冯道很不知趣地说："不知道陛下能像一座山吗？"

周世宗听了十分气愤，一甩袖子，起身离开朝堂。亲征的事究竟还是决定下来。

为了这件事，周世宗对冯道十分不满。不久，派他去监管修造周太祖坟墓。冯道闷闷不乐，不久死去。时年73岁。

历史聚焦 LISHI JUJIAO

石敬瑭（892年—942年），即后晋高祖，五代十国时期后晋开国皇帝。年轻时朴实稳重，寡言笑，喜兵书，重李牧、周亚夫之行事，隶属李克用义子李嗣源帐下。后梁朱温与李克用、李存勖父子争雄，石敬瑭冲锋陷阵，战功卓著。

北 宋

北宋（公元960年-1127年）是继五代十国之后的朝代，建都于汴梁（今河南开封），传九位皇帝，享国167年。北宋由后周大将赵匡胤所建，后在靖康元年发生靖康之难，次年，北宋被金国所灭。

北宋世系图

北宋（960—1127）		
庙号及姓名	在位时间	在位年限
宋太祖（赵匡胤）	960年－976年	17年
宋太宗（赵炅）	976年－997年	22年
宋真宗（赵恒）	997年－1022年	26年
宋仁宗（赵祯）	1022年－1063年	42年
宋英宗（赵曙）	1063年－1067年	5年
宋神宗（赵顼）	1067年－1085年	19年
宋哲宗（赵煦）	1085年－1100年	16年
宋徽宗（赵佶）	1100年－1125年	26年
宋钦宗（赵桓）	1125年－1127年	3年

北宋（公元 960 年—1127 年）是由宋太祖赵匡胤建立起来的封建王朝。宋王朝的建立，结束了自唐末而形成的四分五裂的局面，使中国又归于统一。但由于与宋同时代的辽、金、西夏等国的强大，北宋与南宋的政权一直处于外族的威胁之中。

公元 960 年，后周都点检赵匡胤在出兵途中发动了政变，迫使周恭帝退位，建立了宋王朝，史称"北宋"，这就是史书上记载的"陈桥兵变"。他便是宋朝的开国皇帝"宋太祖"。在当时，除了刚建立起来的宋朝之外，还同时存在着后蜀、南汉、南唐、吴越、北汉等割据势力。于是自宋朝建国伊始，宋太祖赵匡胤便开始了他统一全国的斗争。北宋于公元 964 年、965 年、970 年先后消灭了荆湘、后蜀、南汉三地，又于公元 974 年击败了势力较为强大的南唐。此后，吴越与福建漳、泉等地的地方势力纷纷"纳土"于宋王朝，使纷乱的时局逐渐稳定。

赵匡胤即位后通过杯酒释兵权，将兵权与财政权全部集中于中央，避免出现中晚唐藩镇割据的乱象，但也导致宋朝在与辽国及西夏的战争中失利。靖康元年（1126 年）发生靖康之难，金国兵临汴梁，次年灭亡。

杯酒释兵权

宋太祖赵匡胤为了防止出现分裂割据的局面，加强中央集权统治，以高官厚禄为条件，解除将领们的兵权。这也是历史上唯一一次没有诛杀就能解除兵权，让自己心安理得地做皇帝的君主。

宋太祖即位后不出半年，就有两个节度使起兵反对宋朝。宋太祖亲自出征，费了很大劲儿，才把他们平定。

为了这件事，宋太祖心里总不太踏实。有一次，他单独找赵普谈话，问他说："自从唐朝末年以来，换了五个朝代，没完没了地打仗，不知道死了多少老百姓，这到底是什么道理？"

赵普说："道理很简单。国家混乱，毛病就出在藩镇权力太大。如果把兵权集中到朝廷，天下自然太平无事了。"

宋太祖连连点头，赞赏赵普说得好。

后来，赵普又对宋太祖说："禁军大将石守信、王审琦两人，兵权太大，还是

◎ 赵匡胤画像

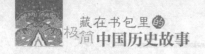

把他们调离禁军为好。"

宋太祖说:"你放心,这两人是我的老朋友,不会反对我。"

赵普说:"我并不担心他们叛变,但是据我看,这两个人没有统帅的才能,管不住下面的将士。有朝一日,下面的人闹起事来,只怕他们也身不由己呀!"

宋太祖敲敲自己的额角说:"亏得你提醒一下。"

过了几天,宋太祖在宫里举行宴会,请石守信、王审琦等几位老将喝酒。

酒过几巡,宋太祖命令在旁侍候的太监退出。他拿起一杯酒,先请大家干了杯,说:"我要不是有你们帮助,也不会有现在这个地位。但是你们哪儿知道,做皇帝也有很大难处,还不如做个节度使自在。不瞒各位说,这一年来,我就没有睡过一夜安稳觉。"

石守信等人听了十分惊奇,连忙问这是什么缘故。宋太祖说:"这还不明白?皇帝这个位子,谁不眼红呀?"

石守信等听出话外音了。大家慌了,跪在地上说:"陛下为什么说这样的话?现在天下已经安定了,谁还敢对陛下三心二意?"

宋太祖摇摇头说:"对你们几位我还信不过?只怕你们的部下将士当中,有人贪图富贵,把黄袍披在你们身上。你们想不干,能行吗?"

石守信等听到这里,感到大祸临头,连连磕头,含着眼泪说:"我们都是粗人,没想到这一点,请陛下指引一条出路。"

宋太祖说："我替你们着想，你们不如把兵权交出来，到地方上去做个闲官，买点儿田产房屋，给子孙留点儿家业。你们结为亲家，彼此毫无猜疑，不是更好吗？"

石守信等齐声说："陛下给我们想得太周到啦！"

第二天上朝，每人都递上一份奏章，说自己年老多病，请求辞职。宋太祖马上照准，收回他们的兵权，赏给他们一大笔财物，打发他们到各地去做节度使。

历史上把这件事称为"杯酒释兵权"（"释"就是"解除"的意思）。

过了一段时期，又有一些节度使到京城来朝见。宋太祖在御花园举行宴会。太祖说："你们都是国家老臣，现在藩镇的事务那么繁忙，还要你们干这种苦差，我真过意不去！"

有个乖巧的节度使马上接口说："我本来没什么功劳，留在这个位子上也不合适，希望陛下让我告老还乡。"

◎ 宋太祖陵

也有个节度使不知趣，唠唠叨叨地把自己的经历夸说了一番，说自己立过多少多少功劳。宋太祖听了，直皱眉头，说："这都是陈年老账了，尽提它干什么？"第二天，宋太祖把这些节度使的兵权全部解除了。

宋太祖收回地方的兵权以后，建立了新的军事制度，从地方军队挑选出精兵，编成禁军，由皇帝直接控制。这些措施让新建立的北宋王朝开始稳定下来。

历史聚焦 LISHI JUJIAO

石守信（928—984），北宋开国将领。浚仪（今河南开封）人。五代后周时累官至殿前都指挥使、义成军节度使，与赵匡胤结为异姓兄弟。赵匡胤建宋后，参加平定潞州、扬州等战役；公元961年（建隆二年）任侍卫亲军马步都指挥使。公元963年（乾德元年）春，被宋太祖杯酒释兵权。公元972年（开宝五年），守信之子石保吉娶宋太祖第二女延庆公主。公元979年（太平兴国四年），随宋太宗征辽。公元982年（太平兴国七年），徙镇陈州。

北 宋

王安石变法

王安石的变法对巩固宋王朝的统治、增加国家财政收入起了积极的作用。但是，也触犯了大地主的利益，遭到许多朝臣的反对。

　　王安石是宋朝著名的文学家和政治家，抚川临川（今江西抚州西）人。他年轻的时候，文章写得十分出色，得到欧阳修的赞赏。王安石二十岁中进士，就做了几任地方官。他在鄞县当县官的时候，正逢那里灾情严重，百姓生活十分困难。王安石兴修水利，改善交通，治理得井井有条。每逢青黄不接的季节，穷人的口粮不够，他就打开官仓，把粮食借给农民，到秋收以后，要他们加上官定的利息偿还。这样做，农民可以不再受大地主豪强的重利盘剥，日子比较好过一些。

　　王安石做了二十年地方官，名声越来越大。后来，宋仁宗调他到京城当管理财政的官，他一到京城，就向仁宗上了一份万言书（约一万字的奏章），提出他对改革财政的主张。宋仁宗刚

◎ 王安石画像

刚废除范仲淹的新政，一听到要改革就头疼，把王安石的奏章搁在一边。王安石知道朝廷没有改革的决心，跟一些大臣又合不来，他就趁母亲去世的时机，辞职回家。

后来，宋神宗继位，王安石接到宋神宗召见的命令，又听说神宗正在物色人才，就高高兴兴应召上京。

王安石一到京城，宋神宗就叫他单独进宫谈话。神宗一见面就问他说："你看要治理国家，该从哪儿着手？"

王安石从容不迫地回答说："先从改革旧的法度，建立新的法制开始。"

宋神宗要他回去写个详细的改革意见。王安石回家以后，当天晚上就写了一份意见书，第二天送给神宗。宋神宗认为

🔵 王安石雕像

王安石提出的意见都合他的心意，越加信任王安石。1069 年，宋神宗把王安石提升为副宰相。那时候，朝廷里名义上有四名宰相，病的病了，老的老了，有的虽然不病不老，但是一听见改革就叫苦连天。王安石知道，跟这批人一起办不了大事，经过宋神宗批准，任用了一批年轻的官员，并且设立了一个专门制定新法的机构，把变法的权抓在手里。这样一来，他就能够放开手脚进行改革了。

有一次，宋神宗把王安石找去，问他说："外面人都在议论，说我们不怕天变，不听人们的舆论，不守祖宗的规矩，你看怎么办？"

王安石坦然地回答说："陛下认真处理政事，这就可说是防止天变了。陛下征询下面的意见，这就是照顾到舆论了；再说，人们的话也有错误的，只要我们做得合乎道理，又何必怕人议论。至于祖宗老规矩，本来就不是固定不变的。"

王安石坚持"三不怕"，但是宋神宗并不像他那么坚决，听到反对的人不少，就动摇起来。

1074 年，河北闹了一次大旱灾，一连十个月没下雨，农民断了粮食，到处逃荒。宋神宗正为这个发愁，有一个官员趁机画了一幅《流民图》献给宋神宗，说旱灾是王安石变法造成的，要求神宗把王安石撤职。

宋神宗看了这幅《流民图》，只是长吁短叹，晚上睡不着觉。神宗的祖母曹太后和母亲高太后也在神宗面前哭哭啼啼，诉说天下被王安石搞乱了，逼神宗停止新法。

王安石眼看新法没法实行下去，气愤地上书辞职。宋神宗也只好让王安石暂时离开东京，到江宁府去休养。

第二年，宋神宗又把王安石召回京城当宰相。刚过了几个月，天空上出现了彗星，这本来是正常的自然现象，但是在当时却被认为是不吉利的预兆。宋神宗又慌了，要大臣对朝政提意见，一些保守派又趁机攻击新法。王安石竭力为新法辩护，要宋神宗不要相信这种迷信说法，但宋神宗还是犹豫不定。

王安石没办法继续贯彻自己的主张，到第三年（1076 年）春天，再一次辞去宰相职位，回江宁府去了。

历史聚焦 LISHI JUJIAO

以蔡京为首的新党打着王安石变法的旗号，继续推行已经变味儿、而成为新兴官僚集团敛财扰民工具的新法，并设元祐党人碑迫害当时反对新法的一代名臣。却也因为贪污腐败，蝇营狗苟，为天下所不齿，最终成为断送北宋江山的乱臣贼子。自己遗臭万年，也累及王安石，背负了千年的骂名。

司马光与《资治通鉴》

王安石罢相之后,他的新法在宋神宗在位期间又执行了十年时间。1085年,宋神宗去世,只有十岁的太子赵煦继位,这就是历史上的宋哲宗。新帝年幼,他的祖母高太后成为实际的当权者。神宗在位时她就反对新法,当她掌握了实权,马上把反对王安石变法的司马光召回京城任宰相。

宋神宗在位的时候,司马光担任翰林学士一职。王安石原本是司马光最好的朋友,但是司马光思想保守,对于王安石推行的新政颇有意见。特别是在王安石做了宰相之后,推行了一系列的改革措施,每一条司马光都极力反对。有一次,司马光上书提出要让宋神宗取消青苗法(宋代的青苗法在增加政府收入的同时还兼有抑制民间高利贷、保护和赈济民户的目的),同时又以朋友的身份写信给王安石,责备他不顾及其

○ 司马光画像

他同僚的职权，搜刮民间财富，还一意孤行不听从别人的意见。王安石看了就写了一封回信，对司马光的问责逐一进行反驳。

司马光看了回信，非常生气，但是当时的王安石是皇帝眼中的红人，谁也奈何不了他。司马光就辞去职务，离开京都回到洛阳，关起门来专心研究学问。

司马光是一位历史学家，他认为治理国家要通晓古今历史，从中学习国家兴亡的经验教训。司马光觉得社会上出现的史书种类繁多，质量参差不齐，皇帝不可能一一阅览。于是，他就着手编写了一些从战国到五代的手稿。当他把一部分手稿交给宋英宗过目的时候，宋英宗表现出很大的兴趣，认为这对巩固宋朝江山有积极作用，于是就专门设立了一个编写

○ 司马光砸缸塑像

机构，让司马光负责撰写史书。

宋神宗继位之后，司马光把编好的一部分史书献给宋神宗观看。司马光提出的一些政治主张，并不合宋神宗的心意，但是对于司马光所撰写的史书，他却大加赞赏。神宗还把自己收藏的几千册书卷交给司马光参考，嘱咐司马光一定要做好这本著作。此外，他还亲自给书起名叫《资治通鉴》。

自从司马光罢官回到洛阳之后，就潜心编写《资治通鉴》，前后耗时长达十九年。这本史书按照历史年代编写，记载了从公元前403年的战国时期一直到公元959年的五代时期，共一千三百六十二年的历史事件。

为了翔实记录历史事件，司马光和他的助手收集借鉴了大量的资料，除了历代名著之外，还参考了三百多种历史著作。据说，等这部书完成的时候，原稿堆放了整整两间屋子。由于这部书资料丰富，写作严谨，成为我国历史上不可多得的历史著作。

在这十九年时间里，司马光倾注了大量的心血在编撰上，甚至到废寝忘食的地步。当这本书完成时，他的身体状况大不如前，眼睛昏花，牙齿也脱落了许多。

当他避开朝政在家专心写书的时候，一些和他同样反对变法的大臣们时刻挂念着他。虽然他当时已经没有官职，可很多官员都还把他当作"宰相"看，就连老百姓也知道洛阳住着一个司马相爷。

高太后当政，司马光回到京都，这时的他已经年过半百，身体虚弱，但他反对王安石新法的态度仍坚定不移。所以他就任宰相后，所做的第一件事就是废除新法。有的大臣劝他说，神宗刚刚去世就废除新法，有些不合礼仪。司马光则说："先皇制定的法度，我们做臣子的当然不能擅自改动，可是王安石做的那一套，只能算是祸国殃民，为什么不能改正过来呢？现在高太后执政，高太后是神宗的母亲，母亲改动儿子的主张有何不可？"司马光不顾大臣们的反对，终于把王安石建立的新法全部废除了。

历史聚焦 LISHI JUJIAO

司马光诚信卖马

司马光要卖一匹马，这匹马毛色纯正漂亮、高大有力、性情温顺，只可惜夏季有肺病。司马光对管家说："这匹马夏季有肺病，这一定要告诉给买主。"管家笑了笑说："哪有人像你这样的呀？我们卖马怎能把人家看不出来的毛病说出来。"司马光可不认同管家这种看法，对他说："一匹马多少钱事小，对人不讲真话，坏了做人的名声事大。我们做人必须得要诚信，要是我们失去了诚信，损失将更大。"管家听后惭愧极了。

南 宋

　　南宋（公元1127年—1279年）是北宋灭亡后由宋室皇族在江南建立的政权，是中国历史上经济发达、文化繁荣、科技进步的朝代。历经九位帝王，一百五十二年。

南宋世系图

南宋（1127年—1279年）		
庙号及姓名	在位时间	在位年限
高宗（赵构）	1127年—1162年	36年
孝宗（赵昚）	1162年—1189年	28年
光宗（赵惇）	1189年—1194年	6年
宁宗（赵扩）	1194年—1224年	31年
理宗（赵昀）	1224年—1264年	41年
度宗（赵禥）	1264年—1274年	11年
恭宗（赵㬎）	1274年—1276年	3年
端宗（赵昰）	1276年—1278年	3年
帝昺（赵昺）	1278年—1279年	2年

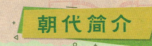

南宋偏安于淮水以南，是中国历史上经济及科技高度发达，但军事相对较弱的王朝之一，亦是中国历史上政治最黑暗的年代。

靖康之难后，徽宗、钦宗二帝被俘，包括皇后、嫔妃、皇子、公主等皇室成员和机要大臣、宫廷女官、宫廷乐师、厨师等都被金人俘虏北上，而此时徽宗第九子康王赵构因之前作为宋皇室派亲王做人质而又被认为是冒牌货遣返，侥幸躲过这场劫难，而成为皇室唯一幸存的人，在大臣推举下在当时的南京（应天府）登基，后迁都于临安，恢复宋国号，史称南宋，赵构便是后来的宋高宗。

金国几度南征都未能消灭南宋，而南宋也有过数次北伐皆无功而返，南宋和金国形成对峙局面。后宋、金达成绍兴和议，双方以秦岭淮河为界。到南宋中后期奸相频出，朝政糜烂腐败，而处于漠北草原的蒙古人开始崛起。1206年铁木真建立大蒙古国，征服金国后开始大举入侵南宋，南宋军民拼死抵抗，陆秀夫背着宋末帝跳海而死，直到1276年南宋都城临安被攻占，1279年崖山海战宋军战败，南宋灭亡。

李纲抗金与赵构建南宋

李纲关心人民的疾苦，面对残酷的现实，他只有用写诗表达自己壮志难酬、怀才不遇的心情。

徽宗政和二年（1112年），李纲授官承务郎，后任太常少卿等职。李纲刚正不阿，不顾个人得失，数次上书皇帝，抨击时弊，要求改革。可惜，李纲沉痛地上书，丝毫没有引起统治者的重视。

宣和七年（1125年）十月，金兵分两路进攻北宋。前线的告急文书像雪片一样飞到北宋朝廷。金太宗又派出使者到东京，胁迫北宋割地称臣。这时，官微言轻的李纲挺身而出，提出御敌五策："正己以收人心，听言以收士用，蓄财谷以足军储，审号令以尊国势，施惠泽以弥民怨。"就是要求统治者积极准备，调动全国人民的力量，上下团结，共同抗敌。

● 李纲

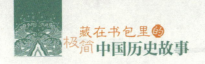

接着，李纲又提出"悍敌十策"，为抗金制订具体方案。

十二月，徽宗禅位，赵桓即位，是为钦宗。第二年改国号为靖康。

这时，宋将郭药师投降，金将宗望叫郭药师做向导，领兵南下，直取东京。东京吃紧。

李纲得知这个消息，立刻求见宋钦宗，说："太上皇（指宋徽宗）传位给陛下，正是希望陛下能留守京城，陛下怎么能走呢？天下的城池，没有比京城更坚固的。这里有宗庙社稷，百官万民，只要皇上督率抗战，安慰民心，哪有守不住的道理？"

李纲当即表示："如果陛下让我领兵守卫京城，臣甘愿用生命报答国家！"

宋钦宗看李纲态度坚决，就派他负责全线防守。自己勉

○ 李纲纪念馆

强答应留下，与广大军民一起守城。

谁知，第二天一早，钦宗在白时中一伙儿的挑唆下，又要逃跑。

李纲禁军将领一起进宫，对宋钦宗说："禁军将士的家属都在东京，不愿离开。如果强迫他们走，万一半路上逃散，敌人追来，谁来保护皇上？"宋钦宗一听逃跑也有风险，才不得不留下来。

李纲立刻出宫向大家宣布："皇上已经决定留守京城，以后谁再提逃跑的事，一律处斩。"

将士们听了，军心大振。

金兵几次进攻，都被李纲率领的将士们打退。城池固若金汤，金兵不得不撤退，并派出使者与宋讲和。李纲要求自己去金营议和，钦宗担心李纲过于刚强，影响了他求之不得的议和，拒绝了他。结果派去了一个胆小如鼠的使者，带着一纸屈辱的和约回到了朝廷。李纲却被罢免了官职。

靖康元年（1126年）九月，金军又大举进攻，攻破太原、真定府，以两路重兵包围开封。危急时刻，钦宗又想到了勇猛善战、

◉ 宋高宗画像

223

忠心为国的李纲，任命他为资政殿大学士、领开封府，保卫开封。可是，圣旨还没送到，开封就被攻破。第二年，金军掳走徽宗、钦宗北上。北宋灭亡。

建元元年（1127年），康王赵构在南京（今河南商丘）称帝，国号建炎，史称南宋。赵构为宋高宗。高宗赵构起用李纲为相。李纲成为南宋政权的第一任宰相。他在上呈的《论水便宜六事奏状》中指出，在国破家亡的时刻，最高统治阶层不应一味奢侈享乐，而应采取紧急措施拯民于水火。对徽宗、蔡京害民扰民的生辰纲、花石纲之役，李纲尤其反感，严正地提出应将这些害民之举全部减免。

但是，赵构只想偏安，并不图复国，于是硬给李纲扣上了许多莫须有的罪名。这样，李纲主政仅75天，便被罢相，这就是后来传说的"七十五天宰相"。李纲做了很多利国利民的事情，但他始终为投降派所不容，被一贬再贬。

李纲与宗泽、岳飞、韩世忠同为后世敬仰的英雄，绍兴十年（1140年），在福建苍山松风堂含恨逝世，年仅58岁。

历史聚焦 LISHI JUJIAO

白时中（？—1127年），字蒙亨，北宋寿州寿春（今安徽寿县）人。进士出身，累官为吏部侍郎，因事出知郓州，不久又得召用。政和六年，拜尚书右丞、中书门下侍郎。宣和六年，担任太宰兼门下侍郎，封崇国公，一切奉蔡京父子的意志。靖康之变时，白时中建议钦宗弃城逃跑，后被弹劾，不久卒。

岳飞抗金

岳飞抗金保卫了人民的生命财产，保卫了中原地区较高的经济文化发展水平，功绩不可磨灭。岳飞一生廉洁正直，从不计较个人得失。

在南宋众多的抗金英雄中，岳飞称得上是最传奇、结局最凄惨的一位。1126年，金兵大举入侵中原，岳飞也开始了他抗击金军、保家卫国的戎马生涯。高宗即位后，岳飞满怀热情地上了一道奏章，请求高宗亲自率领南宋的爱国将士渡过黄河，消灭金兵，收复失地。没想到昏庸的高宗却给岳飞定了个"越职言谏"（意思是议论了自己职权以外的事）的罪，革除了他的职务。

1133年秋，宋高宗将岳飞召到临安，将他御笔亲题的"精忠岳飞"四个大字制成锦旗赐给岳飞。刚过而立之年的岳飞被授予清远军节度使，成为长江中游的最高军事指挥官。

1140年，金国撕毁了和约，调集兵马，以金兀术为首领，兵分四路向南宋大举进攻。"拐子马"是金兀术专门训练的一支骑兵，骑艺精湛，奔跑迅速，善于从两边向对手发起进攻。

岳飞一方面调派各部回援，一方面派儿子岳云率先出战，并且严令说："如果不能取胜，我就先将你斩首示众！"他让士兵都手持麻札刀（宋军使用的一种长柄武器，主要用来砍马腿），不要仰视，低着头只管削砍马足，敌骑兵大乱。

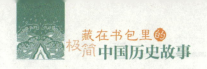

岳飞又亲率四十骑冲到敌阵中，左右开弓，箭不虚发，金军全面溃败。

岳飞在夺取临颍后，判断金兀术定会再夺颍昌，就急派岳云前往增援。果然，金兀术集合了3万骑兵，并龙虎大王、盖天大王的10万步兵，气势汹汹地开到颍昌城西。七月十四日，颍昌守将王贵和岳云等率兵出城迎战。双方从早晨一直杀到中午，金军全面溃败。此战杀死金国统军上将军夏金吾及千户5人，活捉大小首领78人，俘虏2000人，杀死5000人，缴获战马3000匹，铠甲器械不计其数。

1141年4月，高宗和秦桧召岳飞至临安，解除了他的兵权，之后，岳飞父子被秦桧以谋反罪名予以逮捕审讯。由于找不

○ 河南汤阴岳父庙

到证据而无审讯结果，最终秦桧以"莫须有"的罪名（韩世忠当面质问秦桧，秦桧支吾其词"其事体莫须有"）于十二月廿九除夕之夜，将一代名将岳飞及其子岳云、部将张宪在临安大理寺风波亭内杀害。岳飞被害前，在风波亭中写下八个绝笔字："天日昭昭，天日昭昭"，意思是上天明白我岳飞精忠报国一片忠心！

历史聚焦 LISHI JUJIAO

　　岳云（1119年—1142年），字应祥，号会卿，是抗金英雄岳飞的长子，是中国历史上少有的少年将军。宋宣和元年（1119年）出生于河南汤阴，历任武翼郎、左武大夫、忠州防御使等职。于绍兴十一年（1142年）除夕和父亲岳飞及张宪一起惨遭宋高宗赵构及奸臣秦桧陷害，此时岳云年仅23岁。绍兴三十年（1161年），宋孝宗为岳飞父子平反昭雪。

奸臣秦桧

人们一提起"秦桧"这两个字，首先想到的就是奸臣这个字眼。中国历史上有过许多的奸臣，但是，人们对秦桧的恨的程度恐怕要甚之又甚，人们恨秦桧的最大原因就是他诬陷杀害岳飞。

秦桧是宋徽宗时的御史中丞，他被金人掳到北国，与宋徽宗、宋钦宗一起沦为金人的人质。

但是，秦桧善于见风使舵，他看到宋徽宗和宋钦宗二帝都做了阶下囚，于是就暗中投靠了金朝的一个大将挞懒，做了金人忠实的走狗。

有一年，挞懒率领军队攻打宋朝，秦桧当时也跟随他去了，挞懒的军队一路烧杀抢劫，无恶不作，秦桧也为虎作伥。金军攻打到楚州时，遭到了楚州人民的强烈反抗。秦桧以宋朝官吏的身份给楚州将领写信，要他们投降，信中厚颜无耻地对大金国歌功颂德，同时又逼迫楚州将领若不投降，就会使徽、钦二帝丧命等。在秦桧的假象蒙蔽及胁迫下，楚州失守了。

挞懒看到秦桧如此忠心耿耿地为金国效力，于是就派秦桧潜回南宋，作为金朝日后侵略宋朝时的内应。

秦桧返回宋朝后，先是拿钱打点了好几个大臣，并且又了解到宋高宗想求和的想法，于是就想方设法讨宋高宗的欢心，以达到卖国的目的。昏庸的赵构就任命秦桧为宰相，处理国家大事。

　　1139 年，岳飞率岳家军节节胜利，打得金兀术连连败退，先是韩世忠在黄天荡围困金兀术达 48 天，接着在牛头山，岳飞率军队又重创金兀术。

　　金兀术的军队只要一听到"岳家军"三个字，便魂飞胆破，谈"岳飞"色变。

　　就在岳飞要乘胜追击、打败金兀术直逼金兵老巢时，秦桧一看形势不好，赶紧站出来为金国说话。

　　他先是代表赵构和金签订了受降条件，要南宋向金称臣，金把河南赐给南宋。岳飞得知此事后，大为生气，发誓要打到黄龙府。但是由于秦桧和赵构串通一气，把岳飞召回临安，使得大好形势被秦桧所耽误，奠定了南宋灭亡的基础。

◉ 岳王庙秦桧雕像

金兀术得知这个消息后，十分高兴，他想利用借刀杀人之计，在战场上打败不了岳飞，就用卑鄙诡计杀害岳飞。

于是，金兀术派人捎信给秦桧，让他设法除掉岳飞。秦桧得到主子的指示，便开始了陷害岳飞的罪恶行动。

秦桧的死党万俟卨得到消息后，诬告岳飞谋反。岳飞心里本来就因为被 12 道金牌召回而不平，如今又有人诬告，心里十分气愤，于是就要辞官回乡。

赵构一开始不同意，但是在秦桧的怂恿下，就同意了岳飞的辞官。

岳飞本想辞官之后，不再理会官场的斗争。但是，残酷的敌人仍然将他残忍杀害。

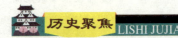
历史聚焦 LISHI JUJIAO

万俟卨（1083—1157），字元忠（一作元中），开封阳武县（今河南安阳）人，南宋初年奸臣。初任湖北提点刑狱，依附秦桧，任监察御史、右正言。绍兴十一年（1141年），秉承秦桧意弹劾岳飞，主治岳飞之狱，诬陷岳飞虚报军情及逗留淮西等罪，致使岳飞父子和张宪等被害。后与秦桧争权，被罢黜。秦桧死后被召回京，绍兴二十六年（1156年），升任宰相。继续执行投降政策，为百姓所恨。绍兴二十七年（1157年），万俟卨去世，时七十五岁，谥号"忠靖"。

辽 朝

辽朝（公元 907 年—1125 年），是中国五代十国和宋朝时期，契丹族建立的政权，辽朝原名契丹，后改称"辽"。公元 916 年，辽太祖耶律阿保机统一契丹各部称汗，国号"契丹"。918 年定都临潢府。

辽朝世系图

帝王	年号 / 在位时间	公元
辽朝（907 年—1125 年）		
太祖 （耶律阿保机）	一（10） 神册（7） 天赞（5） 天显（13）	907 916 922 926
太宗（耶律德光）	天显 会同（10） 大同（1）	927 938 947
世宗（耶律阮）	天禄（5）	947
穆宗（耶律璟）	应历（19）	951
景宗（耶律贤）	保宁（11） 乾亨（5）	969 979

帝王	年号 / 在位时间	公元
圣宗（耶律隆绪）	乾亨 统和（30） 开泰（10） 太平（11）	982 983 1012 1021
兴宗（耶律宗真）	景福（2） 重熙（24）	1031 1032
道宗（耶律洪基）	清宁（10） 咸雍（10） 大（太）康（10） 大安（10） 寿昌（隆）（7）	1055 1065 1075 1085 1095
天祚帝（耶律延禧）	乾统（10） 天庆（10） 保大（5）	1101 1111 1121

朝代简介

公元 916 年，辽太祖耶律阿保机统一契丹各部称汗，国号"契丹"，定都临潢府（今内蒙古自治区赤峰市巴林左旗南波罗城）。公元 947 年，辽太宗率军南下中原，攻灭五代后晋，改国号为"辽"。公元 983 年曾复更名"大契丹"，

1066年辽道宗耶律洪基恢复国号"辽"。1125年为金国所灭。

辽末，辽贵族耶律淳建立北辽，与西夏共同抗金，后被金灭。辽宗室后代耶律留哥与其弟耶律厮不分别建立了东辽与后辽，最后东辽灭后辽，东辽又被蒙古所灭。辽亡后，耶律大石西迁到中亚楚河流域建立西辽，定都虎思斡尔朵，1218年被蒙古所灭。1222年西辽贵族在今伊朗建立了小政权后西辽，后又被蒙古所灭。

辽代全盛时期疆域东到日本海，西至阿尔泰山，北到额尔古纳河、大兴安岭一带，南到河北省南部的白沟河。

契丹族本是游牧民族。辽代将重心放在民族发展方面，为了保持民族性，将游牧民族与农业民族分开统制，主张因俗而治，开创出两院制的政治体制，并且创造契丹文字，保存自己的文化。此外，吸收渤海国、五代、北宋、西夏以及西域各国的文化，有效地促进辽代政治、经济和文化各个方面发展。辽代的军事力量与影响力涵盖西域地区，因此在唐朝灭亡后，中亚、西亚与东欧等地区更将辽代（契丹）视为中国的代表称谓。

契丹八部

> 契丹族由于摆脱了回纥的统治，在与中原联系的不断加强中，得到较为顺利的发展。契丹社会从公元 4 世纪到公元 10 世纪初，经过几百年的时间，从氏族制进入奴隶占有制，契丹社会有了新的飞跃。

唐贞观二年（公元 628 年），契丹酋长大贺氏摩会率领各部落依附于唐朝。唐太宗把在北方诸族中象征着部落联盟酋长的旗鼓赐给了摩会，表示承认摩会的部落联盟酋长的地位。

公元 648 年，唐朝在契丹人居住的地区设置行政管理机构，叫作"松漠都督府"，以契丹部落联盟的首领窟哥为都督，并赐姓"李"，下设十个州，都用契丹各部落的首领担任各州的刺史，从此，契丹和中原汉族人民的关系更加密切。唐太宗又在奚人居住的地区，设置饶乐都督府，也任用奚族首领为都督，以上两个都督府，都受营州都督府节制。

唐玄宗开元三年（公元 715 年），契丹部落联盟首领失活统率各部归于唐朝。当时唐朝的国势强大，北边突厥的势力已经日益衰落，唐玄宗依照先例，封失活为松漠都督。开元五年（公元 717 年），失活到长安朝见唐玄宗，唐朝把永乐公主嫁给失活。

开元六年（公元 718 年）六月，失活死，弟娑固继任联盟长，承袭唐官职为松漠都督、静析军大使。十一月，娑固与唐公主入朝长安，受到玄宗赏赐，返回契丹后即被可突于发兵围攻。

娑固投依唐营州都督许钦澹，许钦澹令薛泰领州兵与奚部落长李大酺及娑固合兵攻可突于，娑固及大酺战败被杀，可突于另立娑固从弟郁于为大贺氏联盟长。

当大贺氏联盟在与唐朝的激烈对抗和内部纷争中力量衰落、难以振作的时期，联盟以外的乙室活部落逐渐壮大起来。部落长郁捷已拥有强大的军事力量，并且得到唐玄宗的认可，被封为契丹知兵马官。公元734年，唐幽州节度使张守珪联合乙室活部攻打契丹可突于部，杀其部落长屈烈和军事首领可突于。唐玄宗加封郁捷为北平郡王、松漠都督，次年，郁捷因残暴被部落贵族涅里杀死，玄宗遂以涅里为松漠都督。

敕宜速银牌

公元736年，唐将张守珪派平卢讨击使安禄山出兵攻契丹涅里部，大败而回。次年二月，张守珪再次出兵，大败契丹，涅里出走松漠，重建契丹部落联盟。

天宝四年（公元745年），回纥族攻杀突厥白眉可汗，推翻了突厥的统治，突厥毗伽可敦率众归唐。契丹联盟长阻午亦率部降唐，唐拜阻午为松漠都督，封崇顺王，赐其姓名李怀秀。不久，李怀秀杀唐赐公主而叛。

公元755年，唐朝爆发了安史之乱，此后，河北地区藩

镇割据，道路不通，契丹与唐很少往来，只保持着"朝贡"关系，不再有政治上的联系。这期间，契丹族处于回纥汗国统治之下。回纥在契丹族、奚族地区都派有使臣监督，每年要征收赋税，发展缓慢，一直到840年回纥汗国被推翻之后，契丹部落联盟才重新归附于唐朝。

唐末，由于中原地区的封建割据斗争，北方汉族军民为了逃避战乱，成群结队移居到契丹人生活的地区，每次迁移，都多达几千人。汉族人民把中原地区的生产工具、生产技术带到北方和东北边疆，与契丹人民共同进行艰苦的生产劳动。到了契丹迭刺部耶律阿保机的祖父匀德实担任夷离堇时，已经开始"教民稼穑，养畜牧，国以殷富"。契丹人民除了畜牧以外，已从事农业生产。匀德实的儿子撒刺担任夷离堇时，契丹人民已学会冶铁，铸造铁器。撒刺的兄弟述澜，引导契丹人民栽种桑麻，从事纺织，并修造房舍，建筑城邑。

历史聚焦 LISHI JUJIAO

张守珪（684—740），字元宝，唐朝名将。他的一生是在战争中度过的，长期戍边，戎马倥偬，从一名下级军官成长为威震一方的边帅。其主要事迹在唐中宗、睿宗和玄宗时期，由于战功卓越，累官至辅国大将军、右羽林大将军，赐南阳郡开国公。是抵御北方入侵的著名戍边将领，且足智多谋、胆略过人、英勇善战、治军有方，立下赫赫战功，对开创唐朝繁荣昌盛的"开元之治"做出了较大的贡献。

耶律阿保机称帝

公元 916 年，是契丹历史上重要的一年。这一年的 2 月 2 日，阿保机在龙化州金铃冈筑坛称帝。

契丹族杰出领袖耶律阿保机生于公元 872 年，是撒剌的儿子。当时迭剌部是契丹部落联盟中最强大的一部，部落联盟的军事首领夷离堇，都是从迭剌部中选出的。

901 年，耶律阿保机被推选为夷离堇，掌握了军事大权。在新的历史条件下，他统一了契丹，并以武力征服邻近各部，连破室韦、奚、女真等族，俘获了大量的人口；又南下攻入中原地区，俘虏大批汉人。连年的征战，使契丹部落联盟内部增添了大批汉人、室韦人、奚人、女真人。外来各族力量的加入，自然地引起契丹族内部的变化，耶律阿保机的威信越来越高了，他掌握了军事大权。契丹各部首领也从对外战争中得到大批财富、牲畜和俘户，他们变成了新的贵族，对外掠夺被当作"光荣"的职业。

公元 907 年，耶律阿保机终于得到各部落首领的承认，成为契丹族新的部落联盟的首领。经过部落联盟组织的改革，契丹部迅速由氏族社会向阶级国家过渡。

公元 911 年，也就是阿保机任联盟长的第五年，阿保机之弟剌葛、迭剌、寅底石、安端等人共同策划谋反。阿保机立即采取措施，制止了这场诸弟之乱，随后改任剌葛为迭剌

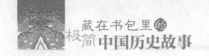

部夷离堇。公元912年10月，剌葛奉命分兵攻破平州（河北卢龙）后，在返回途中，再一次与迭剌、寅底石、安端等发动叛乱，又被阿保机平息下去。

公元913年10月，剌葛一面派想当奚王的迭剌与安端一起领兵千余骑以入觐为名谋杀阿保机，一面亲自率领部众进入迭剌部兄弟部落乙室堇淀，准备旗鼓，图谋自立。阿保机发现了这个密谋，拘捕了前来的迭剌、安端，又亲自率大军击讨剌葛。这次，阿保机依靠他的心腹部侍卫军和被征服的邻族室韦、吐谷浑的兵力，联合作战，终于击溃了剌葛的叛军。阿保机对外连年征战，对内平定叛乱，契丹诸部已经完全置于自己的控制之下。

后梁贞明二年、辽神册元年，公元916年，是契丹历史上重要的一年。这一年的二月一日，阿保机在龙化州（内蒙古昭盟八仙筒）金铃冈筑坛称帝。阿保机称"天皇帝"，妻称"地皇后"，建年号为"神册"。至此，阿保机正式建立了契丹国，阿保机是为辽太祖。

神册三年（公元918年），阿保机在黄河沿岸建立皇都。都城的建筑是在汉族知识分子康默记等人的主持下完成的，都城的结构完全仿照汉族的城邑。

天显元年（公元926年），在汉族知识分子贾去疑的帮助下，扩建了皇都，增加了宫殿庙宇。耶律阿保机还建立孔子庙，命皇太子春秋设奠，传播汉族封建文化。

阿保机称帝以后，形成了以南府和北府为核心的行政统治。南府宰相由皇族贵族担任，北府宰相由后族贵族充任。

　　契丹族原来没有文字，立国不久，于公元 920 年，仿照汉字偏旁，创制了契丹文字。现在已经发现的契丹字，有1200 多个。公元 921 年，阿保机又制定了法律，除统治区内的汉人仍旧使用唐朝的法律外，契丹和其他各族都要受新法律的管束。

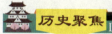

历史聚焦 LISHI JUJIAO

　　契丹人的风俗习惯与汉人不同。契丹人髡发，服装通常为长袍左衽，圆领窄袖，裤脚放靴筒内。契丹人的住所为毡帐，皇帝的御帐称为捺钵。辽国契丹人只有皇族帐和后族帐的人才有姓，两帐之外的其他契丹人是没有姓的。契丹人大多融入其他中国北方的民族，如女真族、蒙古族等，还有一部分发展成当今的达斡尔族，和云南的一个叫作"本人"的群体。

大辽韩知古家族

韩知古家族是辽朝仅次于皇族耶律氏、后族萧氏的大家族，终辽之世，影响颇大。其家族与契丹、汉族、奚、渤海等民族的通婚状况是汉人在辽朝政治活动的一个典型反映，也是辽代的婚姻政治的特点以及胡汉同化现象的一个反映。

韩知古（898—918），蓟州玉田（今河北玉田县）人。他从小就聪明好学。辽太祖阿保机率辽军攻占蓟州，掳走韩知古。那年，韩知古只有 6 岁。作为战利品，韩知古被赏给述律平皇后之兄。尽管韩知古在契丹为奴，但他聪明伶俐，知书达理，人们都很喜欢他。述律平皇后收养了他，认为他有经纬治世之才，把他推荐给阿保机，阿保机也很器重他。

韩知古长大后，善出奇谋，颇有胆识。那时，辽国初立，各项制度都很不健全。辽太祖赏识他的才能，让他参与国家管理。最初，他主要是受命管理汉人事务。神册年间，太祖任他为漳武军节度使，韩知古在任上表现出色，太祖更信任他了，后来，就命令他主持与各部落及各国的礼仪交往。

当时辽国刚刚建立，礼仪粗略，各项制度多为初创。韩知古引经据典，参考汉民族的习惯和契丹族的风俗，制定了一套易于实行的礼仪制度，加快了辽朝的发展。为此，太祖耶律阿保机又拜他为尚书左仆射，以后升迁中书令，成为辽朝的最高行政长官。

天显中期，韩知古病逝。

从韩知古开始，韩家成为辽朝最显赫的汉人家族。韩知古的儿子韩匡嗣在景宗时曾任上京留守、南京留守、摄枢密使。他的孙子韩德让是历史上著名的萧太后的情人，封晋王，权倾一时。

辽景宗病危，韩德让与耶律斜轸俱受顾命。他与承天皇后萧绰密议，随机应变，剥夺了觊觎皇位的各路诸侯兵权，立12岁的梁王隆绪为皇帝，是为辽圣宗，尊圣宗生母萧绰为皇太后，摄国政。韩德让以拥立功总理宿卫事，参决大政。萧太后为笼络韩德让，使其成为自己的得力助手，私下对韩德让说："吾常许嫁子，愿谐旧好，则幼主当国，亦汝子也。"

◉ 契丹广场

从此，韩德让处于监国地位。统和元年（公元983年），萧太后在韩德让支持下实行汉法，加封韩德让开府仪同三司，兼政事令。统和四年，宋攻辽，韩德让从萧太后拒宋，败宋，封楚国公。师还，韩德让在萧太后支持下，团结契丹贵族和汉族中有治国才略之人，实施选官任贤，不分藩汉，考核官吏；确立科举制度；清理辽世宗以来的滞狱；减免遭受战争、自然灾害灾民的赋役等改革措施，使辽代中期出现了兴旺繁荣局面。

历史聚焦 LISHI JUJIAO

辽景宗去世时，圣宗才12岁，萧绰才30岁，真可谓"孤儿寡母"。当时诸王宗室二百余人拥兵握权，盈布朝廷，"族属雄强"，对皇权构成极大威胁。宋、辽边境战事频仍，"边防未靖"。萧太后父亲萧思温早在保宁三年被害，萧绰没有娘家人可以依靠，立刻召见了景宗临死前的顾命之臣韩德让和耶律斜轸，忐忑不安地垂泪道："母寡子弱，族属雄强，边防未靖，奈何？"这两位都不是外人，韩德让是萧绰的旧情人，耶律斜轸是萧绰的侄女婿，既是至亲又是心腹，在他们面前垂泪很能引起他们的同仇敌忾之心。果然这两位立马表示忠心："但信任臣等，何虑之有！"于是萧绰与耶律斜轸和韩德让一起参决大政。南边的军事委托耶律休哥。韩德让总管宿卫事，萧绰和圣宗母子的安全得到了保障。韩德让甚得萧绰宠信。他请示萧绰之后，撤换了一批大臣，并敕令诸王各回自己宅第等待，不许私自互相宴请，乘机夺取了他们的兵权，太后和圣宗的地位才得到了巩固。

西 夏

西夏（公元 1038 年—1227 年）是中国历史上由党项人在西部建立的一个政权。唐朝中和元年（公元 881 年），拓跋思恭占据夏州（今陕北地区的横山县），封定难节度使、夏国公，世代割据相袭。1038 年，李元昊建国时便以夏为国号，称“大夏”。又因其在西方，宋人称之为“西夏”。

西夏世系图

帝王	年号 / 在位时间	公元
西夏（公元 1038—1227 年）		
景宗（李元昊）	广运（2） 大庆（2） 天授礼法延祚（11）	1034 1036 1038
毅宗（李谅祚）	延嗣宁国（1） 天祐垂圣（3） 福圣承道（4） 𨁈（duǒ）都（6） 拱化（5）	1049 1050 1053 1057 1063
惠宗（李秉常）	乾道（1） 天赐礼盛国庆（5） 大安（11）	1068 1069 1074

帝王	年号/在位时间	公元
崇宗（李乾顺）	天安礼定（2） 天仪治平（3） 天祐民安（8） 永安（3） 贞观（13） 雍宁（5） 元德（8） 正德（8） 大德（5）	1085 1087 1090 1098 1101 1114 1119 1127 1135
仁宗（李仁孝）	大庆（4） 人庆（5） 天盛（21） 乾祐（24）	1140 1144 1149 1170
桓宗（李纯祐）	天庆（12）	1194
襄宗（李安全）	应天（4） 皇建（1）	1206 1210
神宗（李遵顼）	光定（13）	1211
献宗（李德旺）	乾定（3）	1224
末帝（李睍）	宝义（1）	1227

朝代简介

　　1038年，李元昊建国，称"大夏"。又因其在西方，所以称之为"西夏"。

　　夏毅宗与夏惠宗时期，夏廷对内大兴儒学，提倡汉文化与技术，废行蕃礼，改用汉仪，对外常与宋辽两国处于战争与议和的状态，国势开始衰退。

　　夏惠宗时期，宋朝正值王安石变法而国力增强，1071年，王韶率宋军于熙河之战占领熙河路，对西夏右厢地区造成威胁。西夏与宋朝贸易中断使经济衰退，战事频繁又大耗国力。

　　夏崇宗时期，宋廷执行"绍盛开边"政策。1114年童贯经略西夏，率领六路宋军（包含永兴、秦凤两路）伐夏。宋军攻陷不少西夏堡垒。夏崇宗再度向宋朝表示臣服，此时西夏国势大不如前，但经过改革后，到天盛年间出现盛世。

　　1115年金朝兴起，三国鼎立的局面被破坏，辽朝、北宋先后被灭，西夏经济被金朝掌控。后漠北的大蒙古国崛起，六次入侵西夏并拆散金夏同盟，让西夏与金朝自相残杀。西夏内部也多次发生弑君、内乱之事，经济也因战争而趋于崩溃，最后于1227年亡于蒙古。

元昊称帝

> 1028年，李德明的儿子元昊领兵攻下甘肃，又乘胜攻下西凉府，取得对回鹘作战的重大胜利。李德明仿宋朝制度，立元昊为皇太子。党项族从此进入了一个新的历史时期。

党项族从唐末据有西北五州之地，到11世纪时，人口已有数十万户。由于受汉族经济和先进文化的影响，又跟吐蕃人、回鹘人生活在一起，使党项族内部的经济生活和社会制度发生很大的变化。在经济生活方面，从狩猎转为畜牧和农业并举，手工业和商业也有一定程度的进展，党项人已经学会制造铁器。从社会制度的变化来看，部落联盟的首领变成有势力的贵族，控制汉人、党项人和各族人民从事农垦，缴纳赋税，出现了封建剥削制度。到了李德明时代，党项的势力已经扩大到甘州（今甘肃张掖）、凉州（今甘肃武威）一带。这些地区的自然条件都比较好，既有适宜于游牧的水草，又有便于农田灌溉的河流，使党项人民的物质生活有所改善。

1032年，李德明病死，在对外作战中立有大功的太子元昊，继承李德明的职位。宋朝封元昊定难军节度使，袭爵西平王。

元昊继续统率党项部落，向吐蕃、回鹘进攻。1033年，元昊战胜吐蕃唃厮啰部，攻破犛牛城。1036年，又西攻回鹘，攻下瓜州、沙州和肃州，占领了河西走廊。统治的领域"东尽黄河，西界玉门，南接萧关，北控大漠"，包括夏、宥、银、会、绥、静、灵、盐、胜、威、定、永和甘、凉、瓜、沙、肃等州的广大区域。

领域的扩展，外族人口的大量涌入和俘虏奴隶数量的急剧增加，使得原来以兴州为中心的松散的部落联盟，已无法适应新的形势，迫切需要建立一个适宜的统治机构，以保护党项贵族的利益，统治奴隶和各族人民，建立国家的条件逐步成熟了。

唐末宋初以来，拓跋部和被称为平夏部的夏州部落首领，接受唐、宋封授的官职，并且入居州衙，通过贡赐的方式，接受了汉族的物质生活和文化。他们以这种特殊的地位，在

◯ 西夏王陵

对外作战时召集各部落形成暂时的联盟。宋朝皇室也通过他们来控制党项各部落的对外掳掠。历史形成的这种特殊的状况，不仅越来越不能适应党项奴隶制发展的要求，而且日益阻碍了社会的进步。1016年，甘州回鹘攻占凉州，苏守信子啰麻弃城走（苏守信已死），回鹘成为李德明的一个严重威胁。

1020年，李德明在灵州怀远镇修建都城，从西平迁到新城，号为兴州。1024年，又在怀远西北省嵬山下建省嵬城，作为兴州的屏障。1026年，甘州回鹘叛辽，辽萧惠兵攻甘肃，李德明出兵助战，不能战胜，随辽朝退兵。1030年，瓜州回鹘可汗贤顺也率部投降。李德明、李元昊战胜回鹘，党项的历史进入了一个新时期。

历史聚焦 LISHI JUJIAO

回纥之名来源于部落韦纥、乌护。公元788年，回纥改名回鹘，取义为"回旋轻捷如鹘"。回纥是铁勒诸部的一支，韦纥居住在土剌河北，乌护居住在天山一带。回鹘一度作为突厥汗国的臣属。突厥汗国强盛时，回纥部落臣服突厥。公元743年，回纥汗国灭突厥，统一铁勒诸部，回纥逐渐成为铁勒诸部的统称。公元840年，回鹘汗国瓦解，居住在漠北的回鹘部落大部分南下华北，其余部分三支西迁，其中一支和天山一带的回鹘结合，还有部分回鹘部落依附辖嘎斯。

破盟降金

1124年，乾顺奉表金国，表示愿意成为金国的番邦属国，愿意接受金朝割让的土地，同时把辽天祚皇帝送给金国。金国也遵守承诺，把原属辽国的下寨以北、阴山以南、吐禄泺以西的大片土地划割给了西夏，西夏坐收渔翁之利。

1114年9月，完颜阿骨打命女真各部人马誓师来流水，开始了为期十年的伐辽争战。1115年正月，完颜阿骨打称帝，建立金国。

金的建立，直接威胁到的就是辽国的利益，为了争夺牛羊水草，彼此冲突不断。早对辽夏联盟深怀恐惧的宋朝看到机会来了，便悄悄派出使臣前往金国，以阴山以北之地相许，要求与之结成联盟，内外夹击，消灭辽国。

宋、金两国的举动不仅使辽国大为恐惧，就是远在西北的西夏也大为恐慌。皇帝乾顺召集群臣商议对策："我盟国大辽之北新兴起一个国家金，对辽国威胁很大，最近又听说金与宋结成联盟欲消灭辽国。唇亡而齿寒，辽国一旦有个闪失，那我们的日子也就不好过了。你们看我们该怎么办哪？"

"圣上，辽国是我们的盟主，在我们危难之际伸出援手，他们有难，我们不能坐视不管，况且一旦辽国受损，面对宋金两国的威胁，我们可就被动了，所以发兵援辽实为明智之举啊！"

"好吧，发兵五千前往辽国中京！"乾顺帝一锤定音。

1122 年春，西夏派出五千骑兵前往辽国，准备援助辽国抗击宋金联军。西夏兵马刚出夏境，就见探马疾驰而来，大声报告："辽中京西京已被攻陷，天祚帝已出逃！"夏军闻讯，连忙掉转方向返回夏境，等待事态的进一步发展。

● 完颜阿骨打雕像

1123 年，西夏再度出兵救辽，结果又以失败告终。而此时的大辽圣主天祚帝已经被金兵逼得上天无路，入地无门，无奈之下，只得投降。但天祚帝不想就这样束手就擒，他还心存希望，希望盟友西夏能够帮助自己改变颓势，于是，他假意向金送印，以作缓兵之计，他趁此机会带着一些人马逃往临近夏境的云内州。乾顺帝听到天祚帝已经来到夏境，马上派人前去接应。

知道天祚帝投降是假，逃跑是真，金国马上派兵追杀，但已经晚了，西夏已经帮天祚帝渡过了黄河。看到马上就要到手的肥肉丢了，金国怎愿善罢甘休，他们就把主意打到了西夏身上，世上只有长久的利益，没有长久的友谊，在利益的诱惑之下，西夏一定会动摇。于是，他们写了一封信给西夏皇帝，信中说，只要夏国把辽主天祚帝交给金国，那金国将把辽西北一带的土地全部割让给西夏。

"这样的诱惑无疑是巨大的，但是西夏与辽国可是生死之盟啊，想当年我就是依靠辽国的扶持才得以夺回皇权的！眼下辽国皇帝投奔到我这里，是对我的信任。可是，辽国目前已经名存实亡，金国取而代之只在朝夕之间，金国一旦占据了辽国，就与西夏为邻，如果此时结下了仇怨，那日后想要安生恐怕也难了。怎么办？交吧，等于落井下石；不交吧，那金国一旦攻来，后果不堪设想。"乾顺帝左思右想拿不定主意。

第二天早朝，他把自己的想法说给众人，没想到大家都认为为了一个没国没家的末代皇帝而牺牲了西夏的利益不值得，为了西夏的长远打算，此时与金国交好，献出辽帝是恰逢时机。见众人如此说，乾顺帝下了决心，回信给金国，同意他们提出的要求。

历史聚焦 LISHI JUJIAO

辽朝（916—1125），又称大契丹国或者大辽国，是中国历史上由契丹人建立的政权。公元907年，契丹族首领耶律阿保机称"天皇帝"。公元916年3月17日，耶律阿保机登基称"大圣大明天皇帝"，国号"契丹"。公元916年改元神册，改渤海国为东丹国，立其长子耶律倍为东丹王，后为辽的藩属。公元918年定都临潢府。公元936年南下中原，攻灭五代后晋后改国号为"大辽"。

联金灭宋

1136 年夏天，西夏与金结成攻守同盟，金将乐州、积石州、廓州等地割让给西夏。西夏协助金国攻打宋朝。

在金国的大举入侵之下，西夏也爱莫能助，眼看着辽国大势已去，再加之金以大片土地相诱惑，西夏只好破除夏辽联盟，转而依附于势头强劲的金国。夏金联手灭辽后，两国又把矛头指向衰败的宋朝。

在西夏首府兴庆城的皇宫大殿里，灯火昼夜不熄，乾顺帝和大臣们正日夜分析着目前时局，乾顺帝说："金灭辽后，正虎视眈眈，他们的下一个目标该是谁呢？是我西夏，还是宋朝啊？"

"圣上，金灭辽后，气焰正盛，他们绝不会就此罢手，无疑他们会选择下一个攻击目标，那个目标应是宋朝。因为宋朝官员腐败，国库空虚，士兵战斗力孱弱，攻打宋朝无疑可以取得事半功倍之效。金虽气焰强劲，但他们无力单独灭掉宋朝，他们只有与我们联手才能达到目的，如果到时金欲联合我们，我们只需如此这般……"这位大臣的计策令乾顺帝把心放到了肚子里。

金军进攻宋朝，西夏乘机发兵临近夏境的武州、朔州，并攻占了宋朝丰、麟二州，乘胜追击，打到宋朝边境震威城。

此时，夏军已一举攻下沿途各城，只剩下了一座孤城震威城，夏军本想攻下震威城后大军南下，也分得金国一杯羹。可是没想到震威城坚如磐石，久攻不下，这令夏军十分恼火，他们派出宋军降将去劝说震威城的守将朱昭。这位昔日宋朝的将军与朱昭也是相识，便开门见山地说："天下大局已经如此，你看金军已大举南下，直逼汴京，势头之猛，恐怕赵家的江山支持不了多久了。自古识时务者为俊杰，朱兄应该明白此理呀！"

朱昭说道："自古以来食人俸禄，就要尽忠职守。人都有选择的权利，你选择了投降，可我选择了杀身成仁，你也不用再当说客了，你走吧！"没能劝降朱昭，反遭一顿训斥，这位降将灰溜溜地走了。

夏军听说朱昭荣华富贵不动、生死荣辱不惧，气恼不已，便派出重兵日夜攻城，城中的士兵死伤无数。夏军攻上城来，与宋军在街巷展开厮杀，从天明到日落，直杀得血肉横飞，堵塞街巷。马蹄都没有落脚的地方，守将朱昭双眼血红，浑身是伤，他已不知自己杀死了多少夏兵，本能驱使他不停地挥动刀剑。这时忽听身边一位士兵叫道："将军，前边一处豁口，快冲出去！"朱昭定睛一看，果见城墙有一处缺口，朱昭打马冲了过去，可是街巷里到处都是堆积如山的尸体，行进起来十分困难。朱昭打马好不容易到了城墙口，可是突然马腿一瘸，把朱昭从马上摔到了城外的壕沟里。夏军见状蜂拥而上，欲活捉朱昭。此时朱昭手持利刃，微闭双眼，欲与夏军决一死战。见此情景，夏兵竟无人敢上前来，只得在远处放箭。箭雨纷纷，落向朱昭，

朱昭直到死前还大骂不止，令夏兵无不胆寒。

1135 年，夏军终于攻破了震威城。这一年的秋天，夏军又乘胜攻取了西安州、平夏城。这一年的冬天，又攻下了天都寨、围兰州，大掠而还。

1127 年，金夏联军攻下了宋都汴京，俘虏了宋徽宗，北宋灭亡。

历史聚焦 LISHI JUJIAO

西夏（1038—1227）是中国历史上由党项人在中国西部建立的一个政权。唐朝中和元年（公元 881 年），拓跋思恭占据夏州（今陕北地区的横山县），封定难节度使、夏国公，世代割据相袭。1038 年，李元昊建国时便以夏为国号，称"大夏"。又因其在西方，宋人称之为"西夏"。

金 朝

金朝（公元 1115 年—1234 年）是中国历史上少数民族女真族建立的统治中国东北和华北地区的封建王朝。

金朝世系图

帝王	年号 / 在位时间	公元
金朝（公元 1115—1234 年）		
太祖（完颜旻，本名阿骨打）	收国（2） 天辅（7）	1115 1117
太宗（完颜晟）	天会（15）	1123
熙宗（完颜亶）	天会 天眷（3） 皇统（9）	1135 1138 1141
海陵王（完颜亮）	天德（5） 贞元（4） 正隆（6）	1149 1153 1156
世宗（完颜雍）	大定（29）	1161
章宗（完颜璟）	明昌（7） 承安（5） 泰和（8）	1190 1196 1201

续表

帝王	年号 / 在位时间	公元
卫绍王 （完颜永济）	大安（3） 崇庆（2） 至宁（1）	1209 1212 1213
宣宗（完颜珣）	贞祐（5） 兴定（6） 元光（2）	1213 1217 1222
哀宗（完颜守绪）	正大（9） 开兴（1） 天兴（3）	1224 1232 1232

女真原为辽朝臣属，天庆四年（1114 年），金太祖完颜统一女真诸部后起兵反辽。于翌年在上京会宁府（今黑龙江哈尔滨）建都立国，国号"大金"，建元"收国"。并于1125 年灭辽朝，两年后再灭北宋。

贞元元年（1153 年），海陵王完颜亮迁都中都大兴府（今北京）。金世宗、金章宗统治时期，金国政治文化达到巅峰，金章宗在位后期由盛转衰。金宣宗继位后，内部政治腐败、民不聊生，外受大蒙古国南侵，被迫迁都汴京（今河南开封）。1234 年，金国在南宋和蒙古南北夹击下覆亡。

金国作为征服王朝，其部落制度的性质浓厚。初期采取贵族合议的勃极烈制度，后逐渐由二元政治走向单一汉法制度，使金朝的政治机制得以精简。军事方面实行军民合一的猛安谋克制。金朝在文化方面也逐渐趋向汉化，杂剧与戏曲在金朝得到相当的发展，金代院本为后来元曲的杂剧打下了基础。

成吉思汗

> 1206 年春，铁木真在斡难河河源（今鄂嫩河）搭建大帐，召集所有部众，举行了规模浩大的忽里台大聚会。铁木真被推举为成吉思汗，意为"众汗之汗"，成为草原上的最高统治者。成吉思汗以本部落名称为国号，建立了大蒙古国。

　　大蒙古国建立后，成吉思汗为了对原来那些习惯于来去无阻、散乱无序的众多部族进行有序化管理，创立了千户授封制度。千户制按照十进制进行编组，并将千户以封赏的形式授予那些有功的贵族和大臣们。为了加强蒙古的兵力和大汗的权力，成吉思汗还特意挑选了一批身强力壮、武艺精良的青年，对原来的护卫军加以扩充，形成了 1 万人的怯薛军。这支军队由成吉思汗直接统领，是蒙古军的精锐军队，也是控制地方的主要武装力量。此外，成吉思汗还命人创立了蒙古文字，制定了法令典制，逐渐形成了秩序化、规范化的管理。

　　新中国成立后的第二年（1207 年），成吉思汗就发动了对西夏的掳掠战争，却因粮草不济而退兵。1209 年，蒙古大军再次攻夏，双方相持两个月，最后以西夏纳女求和、年年进贡而告终。此后成吉思汗又先后两次发动对西夏的进攻，占领了西夏的大片土地。1226 年，成吉思汗以 65 岁高龄亲率大军发动了对西夏的最后一次战争，这一战使西夏政权走到了穷途末路，而成吉思汗也于 1227 年 7 月攻打西夏中兴府

（今宁夏银川）时病逝于六盘山下。西夏投降后，蒙古诸将根据成吉思汗遗命，一举杀死所有西夏王室权贵，西夏就此灭亡。

在攻夏的同时，蒙古军也将矛头对准了金国。1211年，成吉思汗在龙驹河誓师伐金，他亲率大军从东路进攻，其子术赤、察合台和窝阔台组成西路军，掳掠了大量的人口、牲畜和财物而退。此后，成吉思汗连续三年对金用兵，迫使金把都城从中都迁往开封，并向蒙古进献公主、金帛和马匹等。

1218年，成吉思汗派长子术赤率兵征服了吉利吉斯部，术赤还顺路征服了谦河西至也儿的石河的诸多部落。同年，成吉思汗派哲别率兵征讨西辽。屈出律在出逃后被当地人民抓住交给了蒙古兵，西辽国土从此也归属了蒙古国。

1219年，成吉思汗亲率20万大军西征花剌子模。他运用迂回包抄战略，很快就攻下了不花剌城和旧都花剌子模城。此后，蒙古军又向新都撒马尔干发起了围攻，花剌子模国王摩诃末弃城而逃。被围五日后，城内守军献城投降，成吉思汗下令将投降

● 成吉思汗画像

的三万官兵全部杀掉。第二年，摩诃末病死于里海的一个小岛上，其子札兰丁即位，并先后两次打败前来追击的蒙古军。成吉思汗被迫亲征，札兰丁力不能敌，逃往印度，蒙古军最终吞并了花剌子模。

成吉思汗作为一位伟大的军事家，不但善于运用谋略，而且善于用兵，其精锐的蒙古骑兵，代表了当时世界上最先进的战斗方式，蒙古大军被称为"世界的征服者"。在他奠定的坚实基础上，他的后代建立了横跨亚欧大陆的世界性大帝国，为中西文化、宗教、经济等方面的交流开辟了畅通的渠道。成吉思汗也被西方人誉为"千年风云人物""打破东西方壁垒的千年伟人"。

历史聚焦 LISHI JUJIAO

察合台汗国（一写察哈台汗国），名义上为元朝西北宗藩国，由成吉思汗次子察合台依其领地扩建而成。察合台汗国最盛时其疆域东至吐鲁番、罗布泊，西及阿母河，北到塔尔巴哈台山，南越兴都库什山，包括阿尔泰至河中地区（河中地区特指阿姆河与锡尔河之间的大片地区）。斡尔朵（宫帐）设在阿力麻里境内的忽牙思。巴鲁剌思、札剌亦儿和克烈亦惕三部，是该汗国中蒙古族的主体，其统治者是察合台后裔。

完颜阿骨打灭辽

在宋朝腐败的同时，辽国也同样腐败衰落了。到耶律洪基的儿子耶律延禧（1101年—1121年）在位时，女真族迅速发展壮大起来，并在他们的杰出领袖完颜阿骨打的领导下，灭亡辽国。

完颜阿骨打（1068年—1123年）是女真族的一位杰出领袖。他的汉名叫完颜旻，是乌古乃的孙子。1113年，46岁的完颜阿骨打继任完颜部的首领。完颜阿骨打为了使本族摆脱契丹的统治，发动女真人民"力农积谷，练兵牧马"，逐步统一了女真各部，增强了完颜部的武装力量。完颜阿骨打的所作所为，符合女真族人民的利益，因而得到女真人的拥护。

1114年秋冬间，完颜阿骨打率领的勇士在江宁州（今吉林省五家站）以少数击败辽军。辽朝强迫人民当兵，以十万之众与女真会战于出河店（今吉林省扶余县境）。战场上大风四起，沙尘蔽天。女真人，趁着风势击败辽兵，俘获车马甲兵无数。女真骑兵以高昂的斗志，乘胜攻下宾州（吉林德惠北）等好几个城市，在辽朝的东北边境建立了根据地。女真族原有的部落组织叫"猛安""谋克"。猛安是部落的单位，谋克是氏族的单位，它们都是以血缘为纽带建立起来的。每一猛安包括八至十个谋克。猛安和谋克的首领称为"勃极烈"。随着女真族本身的发展，随着部落联盟统治地区的扩大，原来的猛安谋克组织已经不能适应迅猛发展的新形势。完颜

完颜阿骨打雕像

阿骨打顺应女真族历史发展的必然趋势，于1114年改造原有的组织，突破了血缘关系，规定以户为计算单位，以三百户为一谋克，十个谋克编成一个猛安。它们的首领称"百夫长"和"千夫长"。这样，猛安、谋克成为军事性质的行政管理组织，服从于对内实行阶级统治、对外进行战争的需要。

1115年，宋徽宗政和五年，辽天祚帝天庆五年，完颜阿骨打在汉族知识分子杨朴的谋划下，以会宁府（今黑龙江省哈尔滨）为都城，自己称帝，建立政权，称为"金"。这一年就是大金开国元年。完颜阿骨打就是金太祖。

抗辽斗争迅速发展，完颜阿骨打的武装力量不断扩大。同年（1115年）九月，完颜阿骨打的骑兵夺取了辽朝的重镇黄龙府（今吉林省农安县）。天祚帝惊惶失措，只得亲率各族混合兵，包括受奴役的汉人，以十万乌合之众，跟金军进行最后的决战。辽军望风奔溃，终于大败。1116年，完颜阿骨打攻下辽的都城东京辽阳府，东北地区的女真人摆脱了契丹贵族的奴役。

完颜阿骨打采取辽朝原来的封建制度，在黑龙江和乌苏里江以东、兴凯湖以南地区，分别建立了蒲与路、胡里改路等地方行政组织，加强对边境地区的管辖，并且把大批汉人迁往东北。这些汉人虽然不可避免地要过奴隶式的生活，但他们的进步生产技术促进了当地生产力的发展，使我国东北边疆地区进一步得到开发。

天辅四年（1120年），金朝的统治势力已延伸到今内蒙

古自治区，攻下了辽朝上京临潢府。女真人民大批南迁，使女真人的生产力水平不断提高。完颜阿骨打又命完颜希尹仿照汉字的楷书和契丹文字，根据女真的语言特点，创制了女真文。完颜阿骨打还发布了解放奴隶的命令，提倡农业生产，禁止军队骚扰人民和破坏农业生产。

完颜阿骨打利用抗辽自卫战争取得胜利的大好时机，把兵力继续向南推进。天辅六年（1122年）占领了辽朝中京大定府、西京大同府和南京析津府。辽朝天祚帝被迫逃奔夹山（今内蒙古自治区呼和浩特西北），金军已基本上摧毁了辽朝的统治。完颜阿骨打在胜利地完成民族自卫的战争后，于1123年死去。

两年（1125年）后，天祚帝在应州（今山西应县）被金朝的追兵俘获，辽朝的统治从此结束。

历史聚焦 LISHI JUJIAO

重熙二十四年继帝位，改元清宁。继位后奉兴宗弟耶律重元为皇太叔，加号天下兵马大元帅。清宁九年（1063年），重元谋夺皇位，得密报。派耶律仁先、耶律乙辛等平乱，重元兵败自杀。咸雍二年（1066年），改国号为大辽（公元983年时辽改称契丹）。此后耶律乙辛擅权，太康七年诛辛党。在位四十六年，为人昏庸，忠奸莫辨，迷于酒色，好汉文化，多作诗赋，有《清宁集》今佚。

元 朝

元朝（公元 1271 年—1368 年），中国历史上由蒙古族建立的统一帝国，定都大都（今北京市）。

元朝世系图

帝王	年号/在位时间	公元	帝王	年号/在位时间	公元
元朝（1271—1368）					
太祖（孛儿只斤·铁木真）（成吉思汗）	—（22）	1206	英宗（硕德八剌）	至治（3）	1321
拖雷（监国）	—（1）	1228	泰定帝（也孙铁木儿）	泰定（5）致和（1）	1324 1328
太宗（窝阔台）	—（13）	1229			
乃马真后（称制）	—（5）	1242	天顺帝（阿速吉八）	天顺（1）	1328
定宗（贵由）	—（3）	1246	文宗（图帖睦尔）	天历（3）	1328
海迷失后（称制）	—（3）	1249	明宗（和世㻋）		1329
宪宗（蒙哥）	—（9）	1251		至顺（4）	1330
世祖（忽必烈）	中统（5）至元（31）	1260 1264	宁宗（懿璘质班）	至顺	1332

续表

帝王	年号/在位时间	公元	帝王	年号/在位时间	公元
成宗（铁穆耳）	元贞（3）大德（11）	1295 1297	顺帝（妥懽帖睦尔）	至顺元统（3）（后）至元（6）至正（28）	1333 1333 1335 1341
武宗（海山）	至大（4）	1308			
仁宗（爱育黎拔力八达）	皇庆（2）延祐（7）	1312 1314			

朝代简介

　　公元 1206 年，铁木真统一漠北建立蒙古帝国后开始对外扩张，先后攻灭西辽、西夏、花剌子模、东夏、金国等国。蒙哥汗去世后，引发了阿里不哥与忽必烈的汗位之争，促使大蒙古国分裂。1260 年忽必烈即汗位，建元"中统"。1271 年，忽必烈取《易经》"大哉乾元"之意改国号为"大元"，次年迁都燕京，称大都。1279 年，元军在崖山海战灭南宋统一中国，结束了自晚唐五代以来的分裂局面。

　　元朝统一中国后，持续对外扩张，但在出海征伐日本和东南亚诸国时屡遭失利，如元日战争、元越战争、元爪战争等。元中期政变频繁，政治始终未上正轨。后期政治腐败，权臣干政，民族矛盾与阶级矛盾日益加剧，导致元末农民起义。1368年，朱元璋称帝建立明朝，随后北伐驱逐元廷攻占北京，此后元廷退居漠北，史称"北元"。1402年，元臣鬼力赤篡夺政权建立鞑靼，北元灭亡。

元朝废除尚书省和门下省，保留中书省与枢密院、御史台分掌政、军、监察三权，地方实行行省制度，开中国行省制度之先河。元代也推行了不少弊政，如诸色户计、投下制、驱口制、匠籍制、籍没制、人殉、宵禁、海禁等，中断了唐宋变革的进程，深刻地重塑了宋后中国的历史。元朝商品经济和海外贸易较繁荣，但整体生产力水平不如宋朝，在文化方面，出现了元曲和散曲等文化形式。

忽必烈建元

长达五年的汗位纠纷由此结束。这次纷争，客观上为蒙古军事贵族中主张"祖述变通"以"补偏救弊"的一派把统治中心从碛北移至漠南，从而更加便利于他们采纳汉法，加强对中原的统治。

1251 年，蒙哥继承汗位，开始大规模削除异己，窝阔台、察合台两系的亲王们及其亲信大多被杀或幽禁。蒙哥对自己的兄弟们也不大放心。其弟忽必烈（1215 年—1294 年）受命经营中原地区，用汉法治理汉地，不但招致蒙古游牧贵族的不满，也使蒙哥大为惊惧。他怕忽必烈的威望日重，会威

● 窝阔台

胁到自己的汗位，就于 1257 年解除忽必烈的兵权，并派人大肆迫害忽必烈的亲信。忽必烈急忙把妻子、女儿送到汗廷作为人质，表明自己的忠心，蒙哥这才暂时罢手。

忽必烈主管整个北方地区的军事、行政事务，因此有机会结识了一批有学问的汉族知识分子。像僧侣刘秉忠，学者张文谦、王鹗、郝经、姚枢等，都是忽必烈最亲信的谋士。刘秉忠对忽必烈说："古人说：'以马上取天下，不可以马

268

上治。'成吉思汗皇帝骑马挥鞭，叱咤风云，灭国四十，没几年就取了天下，但是治理国家还要靠典章制度、三纲五常。"

1260 年年初，从蒙、宋前线匆匆北返的忽必烈抵达燕京。他在燕京附近驻扎了将近三个月。蒙哥汗亲征时留镇漠北的阿里不哥，竭力诱使忽必烈回到草原，好逼迫他就范，再名正言顺地登上大汗宝座。忽必烈则清楚地意识到，在阿里不哥鞭长莫及的情况下，自己在控制和调动进入汉地的蒙古军及汉军方面拥有莫大的优势与便利，因此他不肯轻易离开经营有年的中原而贸然北上。双方间使臣往返，交涉不断，矛盾日趋激化。1260 年 4 月，忽必烈拘禁阿里不哥派往燕京的心腹脱里赤，先发制人，在新筑成不久的开平城宣布即大汗位。

忽必烈毫不迟疑地着手征调和组编忠于他个人的精锐部队，用以保卫大汗，戍守北方各地，尤其是燕京、开平一线心腹地区。由于蒙哥的怯薛大军在扶枢北归后大都滞留于漠北，忽必烈便在潜邸宿卫的基础上迅速扩充、重建大汗的怯薛部队。此外他还多次征集各地兵员，很快组建起拱卫京畿的侍卫亲军。统领侍卫亲军的，是多年跟随他出生入死的亲信董

◉ 忽必烈画像

269

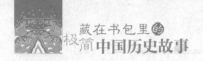

文炳等将领。

忽必烈在漠南抢先即位，完全打乱了阿里不哥的预谋。后者只得匆匆于 1260 年夏季，在驻夏据地阿勒泰山中，召集留守漠北份地的诸王宗戚，举行大会，并在会上被拥立为大汗。

1260 年秋，阿里不哥兵分两路，大举南下。忽必烈便南至汪吉河冬营地，以为短期休整。阿里不哥生恐忽必烈乘胜追击，乃遣使假意求和，并称待马力稍复，再赴阙谢罪。忽必烈深以汉地政局为念，遂留移相哥镇漠北，自己冒严寒逾漠南返。最后，溃败远遁的阿里不哥，歇息于吉利吉思。至 1261 年秋天，元气稍有恢复，又举兵东来。他事先遣使向移相哥伪称率众来归，使移相哥疏于防备，因而突袭成功。移

◯ 元朝石雕士兵

相哥大军溃散，和林城再次失守。10月，忽必烈率诸路汉军与蒙古诸王所部再度北征。是年冬末，忽必烈还师，"诏撤所在戍兵，放民间新签军"（《元史·世祖纪一》）。形势似乎缓和下来。1262年，据守和林的阿里不哥因粮饷不继，而由他派往察合台兀鲁思的阿鲁忽又拒绝听命，截留他征集的货物，因此愤而移兵西讨阿鲁忽。阿里不哥自知一旦挥兵西指，和林终将不守，所以临行指令和林城诸长老，许其举城归降忽必烈军。阿里不哥西徙后，忽必烈所部果然不战而收复和林。

1262年冬，阿里不哥在击败阿鲁忽后驻营于阿力麻里。他肆行杀掠，伊犁河流域为之残破不堪。1264年春，阿力麻里大饥，军心愈亦涣散。阿里不哥计出无奈，被迫向忽必烈输诚。

历史聚焦 LISHI JUJIAO

六盘山，是中国最年轻的山脉之一。有广义和狭义之分，广义的六盘山在宁夏回族自治区西南部、甘肃省东部。南段称陇山，南延至陕西省西端宝鸡以北。横贯陕甘宁三省区，既是关中平原的天然屏障，又是北方重要的分水岭，黄河水系的泾河、清水河、葫芦河均发源于此。狭义的六盘山为六盘山脉的第二高峰，位于固原原州区境内，海拔2928米。山路曲折险狭，须经六重盘道才能到达顶峰，因此得名。

红巾军大起义

元末阶级矛盾和民族矛盾的极端尖锐化，导致了元末农民起义。这次起义规模大、时间久，以红巾军为主力的农民起义军沉重打击了元朝在全国各地的统治，从根本上动摇了元朝政权，为后来明朝的建立打下基础。

元朝末年，皇权帝位争夺越来越激烈，皇帝的更换也十分频繁，最后帝位传给了妥懽帖睦尔，史称元顺帝，他继位时只有 13 岁。元顺帝也是元朝的末代皇帝。

元顺帝在位时，政治十分黑暗，朝中大臣和地方官吏都极力搜刮民财。中书省丞相脱脱手握大权，贪污得最厉害。他为了搜刮民财，主张变更钞法，结果导致物价上涨。脱脱虽然从中捞了不少油水，却遭到朝中大臣的反对和天下百姓的咒骂。

这一年，河南旧德府（今河南省商丘）白茅处黄河决口。大水泛滥，淹没了不少庄稼和村庄，百姓生活在水深火热之中。颍州起义军声势浩大，百姓不断加入队伍中来，这可吓坏了朝廷，忙派官兵镇压。刘福通带领红巾军和官兵展开了周旋，你大兵杀上来，我就跑；你准备退兵时，我再猛攻你。杀得官兵晕头转向，损伤无数，红巾军占领了颍州城。

到了城里，刘福通立即派人将粮库打开，救济受苦受难的百姓，又有许多人加入队伍中来。刘福通又重新组编了队伍。

朝廷一看义军不断壮大，又派来大队人马前来镇压，刘福通一看官兵太多，放弃颍州，迅速占领军事要地朱皋镇，然后发放官粮，又得到百姓的拥护和支持。由于义军头上缠着红头巾，所以被称为"红巾军"，这次起义被称为"红巾大起义"。

颍州红巾军起义，全国的白莲教徒和受压迫的百姓也纷纷响应。李二攻克徐州，占领了安徽的宿州、虹州等地，彭莹玉和徐寿辉在湖北蕲州起义，声势浩大，郭子兴在定远也举兵起义……短短的时间，红巾军的战火燃烧在全国各地。元顺帝早已吓得魂飞魄散，慌忙派枢密院同知赫厮秃赤领阿速军8000人前去镇压。但赫厮骄纵轻敌，根本没有把刘福通放在眼里，而且在行军时贪恋酒色，被红巾军打败。

元顺帝得知阿速军大败而归，又气又怕，而这时又传来前去镇压汝宁（今河南汝南）红巾军的官兵也大败而归。元顺帝慌了手脚，不知如何是好。这时御史大夫也先贴木儿主动请缨："陛下，不必惊慌，那贼民有何可怕，给我30万大军，我立即将其剿灭。"元顺帝一听，立即答应。

也先贴木儿率领30万大军直奔河南汝宁，刘福通的义军总部就设在汝宁。刘福通看到官兵众多，闭城不战。两军对峙，也先贴木儿以为红巾军害怕不敢应战，便骄纵起来。一天夜里，刘福通派几百红巾军打扮成官兵的样子，偷袭官兵的大营。见到官兵就杀，官兵从梦中惊醒，也拿起武器自相残杀。也先贴木儿一看打了起来，吓得弃寨而逃。红巾军乘机追杀，元军大败。刘福通又攻占了亳州、罗山、真阳等地，红巾军

的队伍扩大到几十万人马。

刘福通的声势越来越大，但他没有忘记韩山童，他迎立韩山童的儿子韩林儿为皇帝，号小明王，国号大宋，建元龙凤。

刘福通带领大军向元大都开进，一路势如破竹，夺取许多城镇。

丞相脱脱带领40万大军再次围剿红巾军，他看到刘福通的红巾军士气正旺，便出兵徐州。徐州的红巾军被打败，李二被杀害，脱脱也被朝中政敌害死。

刘福通的大军长驱直入，就要到元大都了，这时元顺帝调集所有的人马与刘福通的红巾军展开了决战。由于孤军远征，刘福通的红巾军被剿灭，小明王被淹死，龙凤政权结束。

红巾军虽然失败了，但声势浩大，为朱元璋建立明朝打下了坚实的基础。

历史聚焦 LISHI JUJIAO

白莲教是中国民间宗教，起源于中国佛教净土宗。北宋时，净土念佛结社盛行，多称白莲社或莲社，主持者既有僧侣，亦有在家信徒。南宋绍兴（1131年—1162年）间，吴郡昆山（今江苏昆山）僧人茅子元（法名慈昭）在流行的净土结社的基础上创建新教门，称白莲宗，即白莲教。

明朝

明朝（公元 1368 年—1644 年）是中国历史上最后一个由汉族建立的中原王朝。历经十二世、十六位皇帝，国祚二百七十六年。

明朝世系图

帝王	年号 / 在位时间	公元
明朝（1368 年—1644 年）		
太祖（朱元璋）	洪武（31）	1368
惠帝（朱允炆）	建文（4）	1399
成祖（朱棣）	永乐（22）	1403
仁宗（朱高炽）	洪熙（1）	1425
宣宗（朱瞻基）	宣德（10）	1426
英宗（朱祁镇）	正统（14）	1436
代宗（朱祁钰）	景泰（8）	1450
英宗（朱祁镇）	天顺（8）	1457
宪宗（朱见深）	成化（23）	1465
孝宗（朱祐樘）	弘治（18）	1488
武宗（朱厚照）	正德（16）	1506

帝王	年号 / 在位时间	公元
世宗（朱厚熜）	嘉靖（45）	1522
穆宗（朱载垕）	隆庆（6）	1567
神宗（朱翊钧）	万历（48）	1573
光宗（朱常洛）	泰昌（1）	1620
熹宗（朱由校）	天启（7）	1621
思宗（朱由检）	崇祯（17）	1628

朝代简介

　　元末天下大乱，朱元璋趁势崛起，1364年，建立西吴政权，1368年，朱元璋在应天（南京）称帝，国号大明。同年攻克大都推翻元朝。后采取一系列措施发展经济，开创"洪武之治"。1421年，朱棣迁都北京，此间国力强盛，万国来朝，史称"永乐盛世"。明仁宗和明宣宗时期仍处于兴盛时期，史称"仁宣之治"。明英宗在位发生土木之变，是明朝由盛转衰的转折点。

　　明宪宗与明孝宗相继采取休养生息的政策，当时政局平稳。明武宗因死后无子使明孝宗一脉绝嗣，引发大礼议之争。明世宗即位，清除宦官和权臣势力，总揽朝纲。明世宗驾崩后数十年，经历隆庆新政和万历中兴，国力得到恢复。明代社会经济发达，农产品丰富，手工业生产具备很高水平，陶瓷业、丝棉纺业、冶炼、建筑等闻名世界。16世纪隆庆、万历年间,资本主义生产关系开始在若干手工业行业中出现。

明神宗中期，完成万历三大征。然而因国本之争，逐渐疏于朝政，同时东林党争也带来政治混乱，史称"万历怠政"。明熹宗时，魏忠贤祸乱朝纲，到明思宗即位后由于政策失误和天灾不断，明朝最终亡于农民军建立的大顺。

乞丐皇帝朱元璋

朱元璋聪明而有远见，神威英武，收揽英雄，平定四海，纳谏如流，求贤若渴，重农桑，兴礼乐，褒节义，崇教化，制定的各种法规都很相宜。自古以来，前所未有。但他晚年偏好诛杀，使得一代开国元勋，没能善始善终，这就是朱元璋的缺点。

明太祖朱元璋（1328年—1398年）出身于濠州（今安徽凤阳）一个贫苦农民家庭，幼时名为重八。少年时给大户人家放猪、放牛，在饥寒的煎熬中成长。因为他是家里最小的孩子，而且生性聪明伶俐，所以曾被父母送到私塾里读过几个月的书。虽终因交不起学费而退学，但他凭着记性好，也认识了几百个字。

1344年，淮北发生了严重的旱灾和虫灾，疾病流行。在这场劫难中，朱元璋的父母和长兄都先后病死或饿死。16岁的朱元璋靠乡邻的帮助草草埋葬了亲人后，孤苦无依的他到附近的皇觉寺当了小和尚。不久，灾情越来越严重，寺中的和尚也没有饭吃。朱元璋入寺后不到几个月，就被打发出去做了游方僧，带上木鱼、瓦钵游方化缘，实际上无异于四处乞讨。他云游四方，三年多走遍了淮西、豫南一带，一路风餐露宿，饱尝人世艰辛，但这段时间的流浪也使他了解到民间疾苦，增长了社会见识。1347年年底，朱元璋回到皇觉寺，开始"立志于学"。

1351年，韩山童（起义前夕被捕遇害）、刘福通领导的元末农民起义爆发。次年，濠州也出现了一支几千人的起义队伍，为首的是定远（今安徽定远）人郭子兴。接到起义军中同乡汤和的相邀信后，朱元璋思虑再三，终于拿定主意还俗从军，投奔了郭子兴的队伍，开始了他的戎马生涯。

　　朱元璋入伍后，因打仗机智勇敢，又粗通文墨，很快得到了郭子兴的赏识，由一名普通士兵被提升为亲兵九夫长。郭子兴见朱元璋有胆略，又有见地，还受战士的拥护，认为他会是一个大有前途的人才，就把养女马氏嫁给了他。从此，朱元璋的地位更加稳固，军中都称呼他为"朱公子"，他也是在这时正式改名元璋，字国瑞。郭子兴死后，这支起义军就由朱元璋领导。李善长见朱元璋的队伍军纪好，就前来投靠。朱元璋向他请教平定天下的方略，李善长说："秦末大乱，汉高祖起兵时还只

● 朱元璋画像

是一个平民，但他为人豁达大度，善于用人，不滥杀人，五年完成了帝业。现在你如果能仿效他的做法，天下是不难平定的。"朱元璋听了连声说好，就留他在身边，为自己出谋划策。

1356年3月，朱元璋亲率水陆大军攻下集庆路（今江苏南京），改名应天府，自称吴国公，初步建立江南政权。在应天，他接受朱升"高筑墙、广积粮、缓称王"的策略，意思说首先要发展基地；其次要在后方发展生产，屯田积谷，增强经济实力；最后不要急于称王，免得树大招风。朱元璋还在全国范围内召集了一批贤能的武将谋士，像徐达、刘基、宋濂等都得到朱元璋的重用。

朱元璋以应天为中心，四处征战，附近的元军据点被他依次攻占。这时，朱元璋的占领地区东北邻张士诚，西邻陈友谅，东南邻方国珍，南邻陈友定，他们都割地称王，各霸一方。

1363年秋天，陈友谅率领大军，号称六十万，进攻朱元璋的领地洪都（今江西南昌），朱元璋亲自率领二十万大军援救。两军船队在鄱阳湖相遇，展开了一场为期36天的决战。最后陈友谅战死，全军瓦解，朱元璋乘胜攻取了武昌。

消灭了陈友谅，南方群雄之中再也没有敢和朱元璋抗衡的了，第二年正月，他登了吴王位。从投军到称王，仅用十余年时间，朱元璋就由小卒成为一代霸主。接着朱元璋消灭了张士诚，不久方国珍也不战而降，这就奠定了朱元璋完成帝业的基础。此后，他依靠雄厚的财力，凭着训练有素、纪律严明的强大军队，南征北伐，取得了节节胜利。

1368年年初，朱元璋以应天府为都城称帝，建立明朝，年号洪武，朱元璋就是明太祖。同年秋天，明军在大将徐达、常遇春的率领下，攻入大都。元顺帝北逃，元朝在全国的统治结束。此后，明朝又用了近二十年的时间，完成了统一。

历史聚焦 LISHI JUJIAO

常遇春（1330年—1369年），字伯仁，号燕衡，南直隶凤阳府怀远县（今安徽省蚌埠市怀远县）人，元末红巾军杰出将领，明朝开国名将。元顺帝至正十五年归附朱元璋，自请为前锋，力战克敌，常自言能将十万众，横行天下，军中称"常十万"。官至中书平章军国重事，封鄂国公，洪武二年病卒军中，追封开平王。

传奇军师刘伯温

刘伯温不但是一位谋略大师，也是一位著名的学者和文人，他的著作很多，流传于世的有《郁离子》10卷和《诚意伯文集》20卷。其中，代表作《郁离子》在中国思想史上和文学史上都占有重要地位。

刘基（1311年—1375年），字伯温，处州青田（今属浙江）人。他出身官僚世家，从小聪颖好学，博览儒家经典、历史著作和天文兵法等各类书籍。刘基在元朝中过进士，曾担任过江西高安县丞等小官职，后来还升任江浙行省元帅府都事。刘基为官清廉正直，但在当时已处于极端腐败的元末社会，正直守法者很难得到重用，才高之士处处受到排挤。经过官场上的三起三落，对仕途已心灰意冷的刘基开始同当地有名望的豪族叶琛、章溢等人躲在山中结寨自保。

朱元璋早就仰慕刘基的才学，派人请他出山。1360年3月，刘基到达应天。宋濂、章溢、叶琛也相继归附朱元璋。朱元璋见了他们非常高兴，特意开辟"礼贤馆"安置这四个人，还常常同他们议论经史和治国平天下的方针政策。当时朱元璋左有陈友谅，右有张士诚。刘基分析说："张士诚胸无大志，只想保住自己那块地方，不足为虑。最主要的威胁来自陈友谅。他地处上游，拥有精兵巨舰，如果我们能集中力量除掉他，平定上游，那张士诚势单力薄，很容易就被铲除了。然后挥师北上，平定中原，主公的帝业就成功了。"朱元璋听罢，十分赞赏刘基的才识胆略。

1360年5月，陈友谅攻陷太平（今安徽当涂）之后，挥军东进，气焰嚣张，朱元璋连忙召集众将商量对策。刘基献妙计："陈友谅自恃兵多将广，骄横轻敌，一定会长驱直入。主公可诱敌深入，于险要处设下埋伏，等陈军进入伏击圈后，歼其数部，全线就可土崩瓦解。"朱元璋采用了刘基的战略战术，果然把陈友谅打得大败而逃。

后来鄱阳湖一战，陈友谅彻底溃亡，随后朱元璋东取张士诚，北伐中原，成就帝业，基本上是按照刘基的战略构思实施的。

明王朝建立后，国家草创，百废待兴，刘基殚精竭虑，呕心沥血，做出了卓越的贡献。但随着政权的巩固，统治阶级内部矛盾也逐渐显露出来。当时朝中大臣因为地域和亲缘

刘基墓广场

关系，渐渐形成了以左丞相李善长为首的淮西集团和以刘基为首的浙东集团。淮西集团见朱元璋信任刘基，非常嫉妒，常在朱元璋面前说他的坏话。所以，朱元璋只封刘基为诚意伯，岁禄 240 石，是伯爵中最低的，李善长却被封为韩国公。

1368 年 6 月，朱元璋去汴梁（今河南开封）巡视。这时候刘基正任御史中丞，主管稽查文武大臣不法之事。正好碰上李善长的部下李彬贪赃枉法案案发，刘基立即派人把李彬抓了起来。李善长一向非常器重李彬，三番五次向刘基求情，刘基并不理会。不过他也知道淮西集团不是好惹的，于是忙派人到汴梁请示朱元璋，得到朱元璋批示之后，便把李彬正法了。

朱元璋刚回到南京，李善长马上去告刘基的状，因为有皇帝的意旨，李善长不敢说刘基杀李彬不对，只好说他专断独行，在祭坛下杀人，对上天不敬。淮西集团的文臣武将也纷纷落井下石。朱元璋也觉得事情比较难办，恰好这时候刘基妻子病逝，他便请假回家，朱元璋乘机把他打发回了原籍。

刘基一走，淮西集团非常得意，又引起朱元璋的疑虑。他在这年冬天召回刘基，赏赐他很多财物，追封他的祖父和父亲，还多次想给他晋爵。刘基知道朝廷中淮人林立，晋爵只能招来祸患，便再三婉拒了。

刘基回青田后，仍时常上章询问朱元璋的起居情况，朱元璋有事也经常请教刘基。

在浙江和福建交界处，有个地方叫淡洋，是个两不管的地方，盗卖私盐的人都躲到这里来了，官吏怕上司责难，也隐瞒不报。刘基知道后，让大儿子刘琏直接向朱元璋报告，建议设立巡检司。这时候胡惟庸当左丞相，他指使手下官吏去诬告刘基，说淡洋这个地方有王气，刘基想占据这个地方给自己建造坟墓，当地百姓不让，他就请朝廷在这里设巡检司。朱元璋虽然不太相信，但听说刘基想在有王气的地方建造坟墓，心里就不太自在，再加上胡惟庸在旁边一煽动，更生疑心，便把刘基的俸禄取消了。刘基听到消息，连忙赶到南京谢罪。刘基写了一首梅花诗呈给朱元璋。诗中说："我家洗砚池边树，朵朵开来点墨痕。不要枝头好颜色，只留清气满乾坤。"诗的意思说，我在家里只是写字作画，并不想追求荣华富贵，只想让世人知道我有清白的气节就够了。朱元璋看了刘基表白心事的诗，知道他确实没有什么野心，也就放心了，但还是把他留在京城里。

1375年年初，刘基病死，享年65岁，谥文成。1390年，朱元璋颁诰，令刘基子孙世袭诚意伯爵禄。

历史聚焦 LISHI JUJIAO

刘伯温死后，葬于青田武阳夏山。据说，刘伯温死前曾预言胡惟庸必败，到时明太祖会为自己平反昭雪，他还特留下一封密奏给儿子，要他在日后明太祖想起自己的时候再上奏。5年后，胡惟庸果然垮台。又10年后，刘伯温果然被平反。明太祖还赐给刘氏家族丹书铁券，特批刘氏成员可凭此免一次死罪。

郑和七下西洋

> 郑和七下西洋是明代中外友好关系发展的一个突出事例，建立并巩固了海上丝绸之路，传播了友谊的种子，促进了经济贸易的发展，增加了国与国之间的友好交流，为世界文明进步做出了巨大贡献。

1399 年，燕王发动"靖难之役"，准备用武力夺取皇位，郑和随侍军中，亲临战场，多次立功。朱棣非常高兴，夺取皇位后，更加重用他。高兴之余，赐姓"郑"给他，又起名为郑和，人们又管他叫"三宝太监"。"太监"是明朝宦官的最高职位，正四品。"三宝"是佛语。不过，郑和"三宝太监"的称号是皇帝封的，这在历史上是少见的。

永乐帝朱棣夺取王位后，自然有许多大臣不服，永乐帝将这些人一一铲除。几天后，永乐帝召见郑和，对他说道："朕想派你下西洋，一是联系友好邻邦，二是想派你去查实建文帝是否已经逃到海外。至于这第二个目的，不许对任何人讲，一定要守口如瓶。"郑和说道："陛下，请放心，臣一定完成您交给的使命，一定为您保密。"

1405 年，郑和带领着将士和船员准备出发，永乐帝亲自为郑和等人送行。郑和一声令下："开船！"大船 60 多艘，小船 100 多艘，船上共有 3 万人左右，从江苏太仓的刘家港出发，沿长江顺流而下。岸上人山人海，有朱棣带领的满朝文武，有船员的家属、亲戚、朋友，还有一些想看一看这个壮举的百姓。

　　冬天眨眼就到了，东北信风吹来，郑和带领船队，顺着西南风势，船行驶的速度明显加快，只经过了十几个昼夜，船队便顺利到达占越国。郑和带着礼物前去拜访占越国国王。占越国国王听说郑和要带领船队经过这里，早早地率领文武大臣在新州港迎接。船上的所有将士也都受到热情邀请，在占越国停留几日后，郑和又开始了航行。占越国国王亲自相送，又给永乐帝回赠了礼品。

　　当然郑和在途中也遇到了不愉快的事情，他带领船队到达爪哇（今印度尼西亚爪哇岛），那时爪哇东王、西王正在开战，郑和的人被西王误杀200多人。郑和强忍悲痛，从大局出发，和平处理此事，从此爪哇对明朝政府感恩戴德，对郑和也十分尊敬。

　　从爪哇启航，郑和又来到满剌加（今马来西亚马六甲）。满剌加的酋长亲自相迎，以最隆重的礼节迎接郑和，停留一些日子后，郑和没有忘记自己的使命，继续前进。

🌑 郑和雕像

287

从锡兰山（今斯里兰卡）海域行驶过去，绕过印度半岛南端，又北上，最后到达古里。在古里，郑和也受到古里国王的热烈欢迎。郑和在古里建造了纪念碑：

此去中国，行程十万余里。民物咸若，熙皞同情。永乐万世，此平天成。

郑和于1407年又返回到娄江，访问20多个国家，并与其建立了友好关系。

永乐帝非常高兴，郑和自然也把好消息告诉了他：建文帝没有在东南沿海一带。

没过多久，郑和又带领船队第二次下西洋，又访问许多国家，带回许多礼物。永乐帝非常高兴，为了继续加强交流，郑和又奉命第三次下西洋，郑和这一次在满剌加建立了仓库。

郑和宝船

但是前三次下西洋都没有超过古里国。

为了能与更多的国家进行友好交往，郑和第四次远航。这一次他带领船队到达了非洲东岸，访问了木骨都束、卜喇哇、麻林等国家。郑和在这些国家都受到热烈欢迎，还带回许多珍贵的礼品。

郑和第五次下西洋，带回了"麒麟"（实为长颈鹿），当时"麒麟"被看作是吉祥的象征。永乐帝非常高兴，还为它举行了典礼。

郑和第六次下西洋回来之后，北京皇宫三大殿发生火灾。有的大臣说这是郑和六下西洋带来的灾难。那时候人们很迷信，永乐帝便决定不再下西洋了。

永乐帝的孙子宣德帝继位后，又派郑和七下西洋，这一次又访问20多个国家，并与其建立了友好关系。

20多年的时间里，郑和七下西洋。1433年，郑和去世。一代伟大的航海家悄悄地离开人世，但他的精神永远长存。爪哇岛为了纪念这位伟大的航海家，特为他修了一座"三宝庙"。

历史聚焦 LISHI JUJIAO

靖难之役，是明朝开国皇帝朱元璋死后不久爆发的一场统治阶级内部争夺皇位的战争。明太祖把儿孙分封到各地做藩王，藩王势力日益膨胀。他死后，孙子建文帝即位，建文帝采取一系列削藩措施，严重威胁藩王利益。坐镇北平的明太祖第四子燕王朱棣起兵反抗，随后挥师南下，史称"靖难之役"。

努尔哈赤建立后金

> 努尔哈赤在统一女真过程中，把女真人编为八旗。旗既是一个行政单位，又是军事组织。每旗下面有许多牛录，一个牛录三百人，平时耕田打猎，战时打仗。这样既推动了生产，又加强了战斗力。

明王朝政治越来越腐败，边防也越来越松弛，在我国东北地区的女真族的一支——建州女真趁机扩大势力，开始强大起来，它的领袖是爱新觉罗·努尔哈赤。

努尔哈赤出身建州女真的贵族家庭。祖父觉昌安和父亲塔克世，都是建州女真的贵族，被明朝封为建州左卫的官员。努尔哈赤从小就练习骑马射箭，练得一身好武艺。10 岁那年，母亲死去，他的继母待他不好。努尔哈赤不得不离开家庭，和当地小伙伴在一起，在茫茫林海里打猎、挖人参、采松子、拾蘑菇，然后把这些山货带到抚顺去卖掉，挣钱过活。抚顺的集市很热闹，女真人常在那里用山货跟中原人交换铁器、粮食、盐和纺织品。努尔哈赤在抚顺接触了很多中原人，学会了汉文，他还喜欢读《三国演义》《水浒传》一类小说。

建州女真有好几个部落，互相攻杀。明朝总兵李成梁利用建州各部的矛盾来加强统治。努尔哈赤 25 岁那年，建州女真部有个土伦城的城主尼堪外兰，带引明军攻打古勒寨城主阿台。阿台的妻子是觉昌安的孙女，觉昌安得到消息，带着塔克世到古勒寨去探望孙女。正碰上明军攻打古勒寨，觉昌安和塔克世在混战中都被明军杀害。

努尔哈赤痛哭了一场，草草埋葬了他的祖父、父亲，但是想到眼前自己的力量太小，不敢得罪明军，就把一股怨恨全集中在尼堪外兰身上。他跑到明朝官吏那里说："杀我祖父、父亲的是尼堪外兰，只要你们把尼堪外兰交给我，我也就甘心了。"明朝官吏只把他祖父、父亲的遗体交还给他，却不肯交出尼堪外兰。

努尔哈赤满腔悲愤回到家里，翻出了他父亲留下的十三副盔甲，分发给他手下兵士，向土伦城进攻。努尔哈赤英勇善战，尼堪外兰不是他的对手，狼狈逃走。努尔哈赤攻克了土伦城，继续追击，趁机又征服了建州女真的一些部落。尼堪外兰东奔西窜，最后逃到了鄂勒珲（今齐齐哈尔附近），请求明军保护。努尔哈赤也追到那里。明军看他不肯罢休，怕因此引起战争，就让努尔哈赤杀了尼堪外兰。

努尔哈赤灭了尼堪外兰，声势越来越

● 努尔哈赤

努尔哈赤

大。过了几年，统一了建州女真。这就引起女真族其他部的恐慌。当时的女真族，共有三部，除了建州女真之外，还有海西女真和野人女真。海西女真中有个叶赫部最强。1593 年，叶赫部联合了女真、蒙古九个部落，结成联盟，合兵三万，分三路进攻努尔哈赤。

努尔哈赤听到九部联军来攻，事先做好迎战的准备。他在敌军来路上，埋伏了精兵，在路旁山岭上，安放了滚木石块，一切安排妥当，他就安安稳稳睡起觉来。他的妻子看了很着急，把他推醒，问他："九部兵来攻打，你怎么睡起觉来，难道真的把你给吓糊涂了？"

努尔哈赤笑着说："如果我害怕，就是想睡也睡不着。"

第二天，建州女真派出的探子回报敌兵人数众多，将士们听了也有点儿害怕。努尔哈赤就解释说："别害怕，现在我们占据险要地形，敌兵虽然多，不过是乌合之众，一定互相观望。如有哪一个领兵先攻，我们就杀他一两个头目，不怕他们不退。"

九部联军到了古勒山下，建州兵在山上严阵以待，先派出一百骑兵挑战。叶赫部一个头目冲来，马被木桩绊倒，建州兵上去把他杀了，另一头目看到这情景也吓昏过去。这一来，九部联军没有统一指挥，四散逃窜，努尔哈赤乘胜追击，击败了叶赫部。又过了几年，基本统一了女真族各部。

为了麻痹明朝，他继续向明朝朝贡称臣，明朝廷认为努尔哈赤态度恭顺，封他为龙虎将军。他还多次到北京，亲自察看明朝政府的虚实。1616 年，他认为时机成熟，就在八旗贵族的拥护下，在赫图阿拉（今辽宁新宾附近）即位称汗，国号大金。为了跟过去的金朝区别开，历史上称为"后金"。

历史聚焦 LISHI JUJIAO

　　建州女真原居于牡丹江与松花江汇流的地方，是胡里改（乌德盖人）、斡朵里万户的部族族民，酋长阿哈出、猛哥帖木儿。明初，他们开始向东南迁移。胡里改部迁至原渤海故地（今绥芬河流域）。明朝在他们新的聚居地依据原渤海国建州的地名，设置了三个地方军事行政机构，包括建州卫（建于正统三年）、建州左卫（建于正统五年）和建州右卫（建于正统七年），委任各部首领，依照旧俗，各统其属。

吴三桂引清兵入关

> 吴三桂左思右想，李自成乃农民起义军，一群乌合之众，让他做臣子面子上太不合适。父仇当然不共戴天，陈圆圆也是他的最爱，前前后后没有比投降清军更合适的了。

1644 年，李自成在西安正式建立了政权，国号大顺。接着，李自成率领一百万起义将士，渡过黄河，分两路进攻北京。两路大军势如破竹，到了这年 3 月，就在北京城下会师。城外驻守的明军最精锐的三大营全部投降。

大顺起义军攻破北京，大将刘宗敏首先率领队伍进城，接着，大顺王李自成头戴笠帽，身穿青布衣，跨着骏马，缓缓地进了紫禁城。北京的百姓像过节一样，张灯结彩欢迎起义军。

大顺政权一面出榜安民，叫大家安居乐业；一面严惩明王朝的皇亲国戚、贪官污吏。李自成派刘宗敏和李过，勒令那些权贵交出平时从百姓身上搜刮来的赃款，充当起义军的军饷，拒绝交付的处重刑。少数民愤大的皇亲国戚被起义军抓起来杀头。

吴三桂原来是明朝派到关外抗清的，驻扎在宁远一带防守。起义军逼近北京的时候，崇祯帝接连下命令要吴三桂带兵进关，对付起义军。吴三桂赶到山海关，北京已被起义军攻破。过了几天，吴三桂收到吴襄的劝降信，倒犹豫起来。

既然李自成来招降，不如到北京去看看情况再说。

吴三桂带兵到了滦州，离北京越来越近，就遇到一些从北京逃出来的人。吴三桂找来一问，开始听说他父亲吴襄被抓，家产被抄，已经恨得咬牙切齿；接着，又听说他最宠爱的歌伎陈圆圆也被起义军抓走，更是怒不可遏，立刻下令退回山海关，并且要将士们一律换上白盔白甲，说是要给死去的崇祯帝报仇。

● 吴三桂画像

李自成得知吴三桂拒绝投降，决定亲自带二十多万大军，进攻山海关。吴三桂本来就害怕农民军，听到这消息，吓得灵魂出窍。他也顾不了什么气节，写了一封信，派人飞马出关，请求清廷帮助他镇压起义军。

多尔衮接到吴三桂的求救信，亲自带着十几万清兵，日夜不停地向山海关进兵。李自成大军从南面行进到山海关边。二十多万起义军，依山靠海，摆开浩浩荡荡的一字阵，一眼望不到边。老奸巨猾的多尔衮从城头望见起义军阵容强大，料想不容易对付，就让吴三桂打先锋，命令清军埋伏起来，

295

自己和几名清将远远躲在后面的山头观战。

战斗开始了，李自成骑着马登上西山指挥作战。吴三桂带兵一出城，起义军的左右两翼合围包抄，把吴三桂和他的队伍团团围住。明军东窜西突，冲不出重围；起义军个个血战，喊杀声震天动地。

正在双方激烈战斗的时候，不料海边一阵狂风，把地面上的尘沙刮起，霎时，天昏地黑，对面见不到人。多尔衮看准时机，

● 李自成

命令埋伏在阵后的几万清兵一起出动，向起义军发动突然袭击。起义军毫无防备，也弄不清是哪儿来的敌人，心里一慌张，阵势也就乱了。直到风定下来，天色转晴，才看清楚对手是留着辫子的清兵。

李自成在西山上发现清兵已经进关，想稳住阵脚，指挥抵抗，已经来不及了，只好传令后撤。多尔衮和吴三桂的队伍里外夹击，起义军遭到惨重失败。

李自成带领将士边战边退。吴三桂仗着清兵势力，在后

紫禁城的狮子雕像

面紧紧追赶。起义军回到北京，兵力已经大大削弱。

李自成回北京后，在皇宫大殿里举行即位典礼，接受官员的朝见。第二天一清早就率领起义军，离开北京，向西安撤退。

李自成离开北京的第三天，多尔衮带领清兵，耀武扬威地开进北京城。1644 年 10 月，多尔衮把顺治帝从沈阳接到北京，把北京作为清朝国都。

1647 年，清军进四川，张献忠在川北西充凤凰山的一场战斗中中箭死去。这样明朝末年的两支主要起义军都失败了。

历史聚焦 LISHI JUJIAO

陈圆圆，本姓邢，名沅，字畹芬，明末清初苏州歌伎。在民间流传最广的传闻，莫过于陈圆圆、吴三桂和李自成之间的纠葛，"冲冠一怒为红颜"讲述的就是这段传闻。陈圆圆的母亲早亡，从姨父姓陈。能歌善舞，色艺冠绝，时称"江南八艳"之一。崇祯时外戚周奎欲给皇帝寻求美女，以解上忧，后来田畹将陈圆圆献给崇祯。其时战乱频仍，崇祯无心逸乐，陈圆圆又回到田府，后被吴三桂纳为妾。

清 朝

清朝（公元 1616 年—1912 年）是中国历史上第二个由少数民族建立的统一政权，也是中国历史上最后一个封建帝制国家。从后金建立开始算起，共有十二帝，国祚 267 年。

清朝世系图

帝 王	年号／在位时间	公元
太祖（爱新觉罗·努尔哈赤）	天命（11）	1616
太宗（爱新觉罗·皇太极）	天聪（10）	1627
	崇德（8）	1636
世祖（爱新觉罗·福临）	顺治（18）	1644
圣祖（爱新觉罗·玄烨）	康熙（61）	1662
世宗（爱新觉罗·胤禛）	雍正（13）	1723
高宗（爱新觉罗·弘历）	乾隆（60）	1736
仁宗（爱新觉罗·颙琰）	嘉庆（25）	1796
宣宗（爱新觉罗·旻宁）	道光（30）	1821
文宗（爱新觉罗·奕詝）	咸丰（11）	1851
穆宗（爱新觉罗·载淳）	同治（13）	1862
德宗（爱新觉罗·载湉）	光绪（34）	1875
爱新觉罗·溥仪	宣统（3）	1909

　　女真族是满族的前身，长期居住在今黑龙江一带。1616年，努尔哈赤在赫图阿拉建立后金，脱离了明朝的统治；虽然明朝多次派兵攻打后金，但都被击败。1636年，皇太极在沈阳改国号为大清，正式开始了灭明的战争。1644年，李自成攻克北京后，远在山海关的总兵吴三桂以为明帝报仇为名引清军入关，随后开始了统一全国的战争。

　　1662年，康熙帝登基即位，年号康熙，是为清圣祖。康熙皇帝是我国历史上著名的皇帝之一，他在位的六十一年是清朝发展最快的一段时期。康熙之后，继雍正帝即位的乾隆帝也是清朝历史上的一位明主，他在位的六十年是清朝的又一快速发展时期。乾隆皇帝在其父雍正的统治基础上，进一步发展经济，国力更加昌盛；加强了同蒙、回等少数民族的联系，稳定了清朝对各族的统治。清康熙、雍正、乾隆三代皇帝统治的时期，社会稳定，人民的生活水平有了很大的提高，大清帝国达到了有史以来的鼎盛阶段，史称"康乾盛世"。

　　1840年，林则徐在虎门销烟以后，英政府以保护侨民为名，出动军舰企图进攻广州，史家一般以这一事件为中国近代史的起点。此后清朝进行了洋务运动和戊戌变法等探索国家独立富强的社会变革，但都以失败告终。1911 年爆发了辛亥革命，1912 年 2 月 12 日，袁世凯迫使宣统帝溥仪颁布退位诏书，清朝自此灭亡。中国脱离了封建帝制，转入了民主共和时期。

郑成功收复台湾

公元 1662 年年初，侵略军头目被迫到郑成功大营，在投降书上签了字，灰溜溜地离开了台湾。郑成功从荷兰侵略者手里收复了我国神圣领土台湾，他将永远被中国人民铭记。

隆武帝在福州建立政权之后，他手下大臣黄道周是个真心抗清的人，一心想帮助隆武帝出师北伐。但是掌握兵权的郑芝龙，只想保存自己的实力，不愿出兵。过了一年，清军进军福建的时候，派人向他劝降。郑芝龙贪图富贵，就抛弃了隆武帝，向清朝投降，隆武政权也灭亡了。

郑芝龙有个儿子叫郑成功（福建南安人），当时是个只有 22 岁的青年将领。郑芝龙投降清朝的时候，郑成功苦苦劝阻他父亲。后来，他眼见父亲执迷不悟，气愤之下，就单独跑到南澳岛，招募了几千人马，坚决抗清。清王朝知道郑成功是个能干的将才，几次三番派人诱降，都被郑成功拒绝。清将又派他弟弟带了郑芝龙的信劝他投降。他弟弟说："你如果再不投降，只怕父亲的性命难保。"

郑成功坚决不动摇，写了一封回信，跟郑芝龙决绝。

郑成功兵力渐渐强大起来，在厦门建立了一支水师。他跟抗清将领张煌言联合起来，乘海船率领水军十七万人开进长江，分水陆两路进攻南京，一直打到南京城下。但是清军用假投降的手段欺骗他。郑成功中了清军的计，最后打了败仗，又退回厦门。

郑成功回到厦门，清军已经占领福建的大部分地方，他们用封锁的办法，要福建、广东沿海百姓后撤四十里，断绝对郑军的供应，想困死郑成功。郑成功在那里招兵筹饷，都遇到困难，就决定向台湾发展。

台湾自古以来就是我国的领土。明朝末年，欧洲的荷兰人趁明王朝腐败无能，霸占了台湾的海岸，修建城堡，向台湾人民勒索苛捐杂税。台湾人民不断反抗，遭到了荷兰侵略军的镇压。

郑成功少年时期就跟随他父亲到过台湾，亲眼看到台湾人民遭受的苦难，早就想收复台湾。这一回，他下决心赶走侵略军，就下命令要他的将士修造船只，收集粮草，准备渡海。

◉ 郑成功雕像

　　恰好在这时候，有一个在荷兰军队里当过翻译的何廷斌，赶到厦门见郑成功，劝郑成功收复台湾。他说，台湾人民受侵略军欺侮压迫，早就想反抗了，只要大军一到，一定能够把敌人赶走。何廷斌还送给郑成功一张台湾地图，把荷兰侵略军的军事部署都告诉了郑成功。郑成功有了这个可靠的情报，进攻台湾的信心就更足了。

　　1661 年 3 月，郑成功要他儿子郑经带领一部分军队留守厦门，自己亲率二万五千名将士，分乘几百艘战船，浩浩荡荡从金门出发。他们冒着风浪，越过台湾海峡，在澎湖休整几天，准备直取台湾。这时候，有些将士听说西洋人的大炮

　　● 郑成功雕像

厉害，有点儿害怕。郑成功把自己乘坐的战船排在前面，鼓励将士说："荷兰人的红毛火炮没什么可怕，你们只要跟着我的船前进就是。"

荷兰侵略军听说郑军要进攻"台湾"，十分惊慌。他们把军队集中在台湾（今台湾东平地区）和赤嵌（今台南地区）两座城堡，还在港口沉了好多破船，想阻挡郑成功的船队登岸。

郑成功叫何延斌领航，利用海水涨潮的时机，驶进了鹿耳门，登上台湾岛。

台湾人民听到郑军来到，成群结队推着小车，提水端茶，迎接亲人。躲在城堡里的荷兰侵略军头目气急败坏地派了一百多个兵士冲来，郑成功一声号令，把敌军紧紧围住，杀了一个敌将，敌兵也溃散了。

侵略军又调动一艘最大的军舰"赫克托"号，张牙舞爪地开了过来，阻止郑军的船只继续登岸。郑成功沉着镇定，指挥他的六十艘战船把"赫克托"号围住。郑军的战船小，行动灵活。郑成功号令一下，六十多只战船一齐发炮，把"赫克托"号打中起了火。大火熊熊燃烧，把海面照得通红。"赫克托"号渐渐沉没下去，还有三艘荷兰船一看形势不妙，吓得掉头就逃。

荷兰侵略军遭到惨败，龟缩在两座城里不敢应战。他们一面偷偷派人到巴达维亚（今爪哇）去搬救兵，一面派使者到郑军大营求和，说只要郑军肯退出台湾，他们宁愿献上十万两白银慰劳。

郑成功扬起眉毛，义正词严地说："台湾本来就是我国的领土，我们收回这地方，是理所当然的事，你们如果赖着不走，就把你们赶出去！"

郑成功喝退荷兰使者，派兵猛攻赤崁城。赤崁城的敌军还想顽抗，一时攻不下来。有个当地人给郑军出个主意说，赤崁城的水都是从城外高地流下来的，只要切断水源，敌人就不战自乱。郑成功照这个办法做了，不出三天，赤嵌的荷兰人果然乖乖地投降。

盘踞台湾城的侵略军企图顽抗，等待救兵。郑成功决定采取长期围困的办法逼他们投降。在围困八个月之后，郑成功下令向台湾城发起强攻。荷兰侵略军走投无路，只好扯起白旗投降。

历史聚焦 LISHI JUJIAO

爪哇，指爪哇岛，属于印度尼西亚，是该国的第四大岛屿，印尼首都雅加达便位于爪哇岛的西北岸。此外，爪哇还是一种计算机语言的名称，由于爪哇岛盛产著名的爪哇咖啡，因此该计算机语言便以爪哇作为名称，以热气腾腾的爪哇咖啡作为图标。

顺治帝治国有方

顺治帝登基时，年仅6岁，但聪明过人，而且胸怀大志，皇太后又不断地教导他，使小小年纪的顺治帝也颇懂得治国方略。

当时清军入关时，多尔衮和顺治帝采取了一系列措施，缓和民族矛盾，又是招募旧官吏，又是安葬崇祯帝，这些措施都起到良好的作用。但当时许多人很难接受少数民族统治天下的事实，这些人非常痛恨清军，总想反清复明。

顺治帝和母亲孝庄皇太后商议，认为李自成的义军虽已不多，但影响不小，如果不及时剿灭，会后患无穷。于是便命吴三桂、阿济格两路人马去追剿李自成的农民起义军，多铎带领另一路人马去夺取明朝南方重镇。

○ 顺治帝

吴三桂、阿济格两路人马围追起义军，李自成退到陕西，还没有站稳脚，清军便追去。农民起义军连续作战，人困马乏，而且没有援军，一些农民起义军开始投降清军。吴三桂、阿济格命令要善待起义军，这样一来，又有许多起义军投降。李自

307

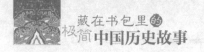

成的起义军力量越来越小，最后战死在湖北九宫山。

吴三桂、阿济格用一年多点儿的时间，便基本消灭了李自成的农民起义军。顺治帝得到消息后，非常高兴，又下旨：火速挥师东进，与多铎的人马相会合，剿灭南明的小王朝。

多铎这时已经带领清军攻到了扬州，史可法血战扬州城，宁死不屈，最后壮烈牺牲。攻下扬州后，三路大军一起进攻南京。

清军灭了弘光小王朝，又将大军开到隆武小王朝城下，多铎收买了隆武小王朝手下的兵部尚书，此人手握兵权，开城迎接清军入城，隆武小王朝也被消灭。随后又灭掉绍武、永历小王朝。与此同时，也灭掉了南方反清复明的义军。

经过几年的征杀，南明的残余势力基本被消灭，大清的江山得到巩固。

8 月 27 日是孔子的诞辰，大汉民族都在这一天祭拜孔子，顺治帝也想在这一天祭拜孔子。为了达到一种轰动效应，扩大影响，顺治帝接受了母后的意见，派人去请孔子的后代。孔子的 65 世孙孔允植被接到了北京城，准备参加祭典仪式。孔允植早已被顺治帝封为衍圣公，他被接到北京城，引起全国轰动，特别是一些老儒生和受封建正统思想影响很深的人，得知孔子的后代受到清朝的礼遇，非常高兴，这些人认为清朝统治者已接受了汉族正统思想。

8 月 27 日转眼就到了，顺治帝率领文武百官来到国子监广场。顺治帝恭恭敬敬地在孔夫子神位前拜了三拜，然后敬

圣旨

酒三次，其他文武百官也都神情严肃，对孔子显然十分尊敬，也十分虔诚。

这次祭祀孔子大典圆满结束，在全国各地引起强烈的反响。顺治帝一看达到了预期的目的，非常高兴。他接见孔子的 65 世孙孔允植，又接见了孔、孟、颜、曾四姓子孙和五经博士。顺治帝了解到孔、孟、颜、曾都是儒家学派的代表人物，在中原特别是汉族的眼中，这四家被统称为一家——儒家。后人所说的天下孔孟颜曾是一家，指的都是儒家学派。顺治帝接见五经博士，也是为了告诉天下人，我们大清王朝依然推行儒家思想。

孔、孟、颜、曾的后代在当时社会上很有影响，他们纷纷表示拥护清朝的统治。这些人一提出拥护清王朝，其他一些老书生也纷纷效仿，在他们眼里，如果再坚持反对清王朝的统治，就是反对孔圣人。

那些隐居深山、古庙讲学的文人，得知顺治帝祭孔的事之后，对顺治帝也很佩服，开始接受了清王朝的统治。这些人渐渐地转变了对清朝统治者的看法，逐渐宣扬他们的好处，这样一来，反清复明的思想在大多数人的头脑中便渐渐淡化了。

顺治帝没有费一兵一卒，在思想上基本统一了全国。

顺治帝为招揽天下人才，继续仿效明朝，进行八股取士，而且各民族一律平等，这样一来，许多贤才都来到顺治帝手下。

清军入关之后，到处都是烂摊子，年少有为的顺治帝把国家治理得井井有条，但是顺治帝23岁时就病逝了。顺治帝的英明统治为后代打下了良好的基础。

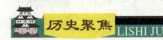

在顺治帝统治下，南方得到了巩固，但北方反清斗争仍很激烈，顺治帝派清军去镇压。但他知道，仅用武力不会得人心，便又下令禁止圈地。原来清军刚一入关时，强行在北方各省圈地，使得大批农民失去了土地。土地是农民的根本，他们没有了土地就要造反。顺治帝看到这种情况后，立即取消圈地，让农民有田种。农民手中有了土地，便安下心来耕种，反清的斗争逐渐减少。这样一来，北方的反清斗争也很快平息下去了。

康熙帝平定三藩

> 康熙帝心里清楚，吴三桂早有野心。撤藩，他要反；不撤，他迟早也要反。不如来个先发制人。

南明最后一个政权灭亡的那年，顺治帝已经病死，他的儿子玄烨即位，这就是清圣祖，也叫康熙帝。

康熙帝即位的时候才 8 岁。按照顺治帝的遗诏，由四个满族大臣帮助他处理国家大事，叫作辅政大臣。在四个辅政大臣中，有个叫鳌拜的，仗着自己掌握兵权，又欺负康熙帝年幼，独断专横。别的大臣和他意见不合，就遭到排挤打击。

清王朝进关后，用强迫手段圈了农民大片土地，分给八旗贵族。鳌拜掌权以后，仗势扩大占地，还用差地强换别的旗的好地，遭到地方官的反对。鳌拜诬陷这些官员大逆不道，把反对他的三名地方官处死了。

🔵 康熙

　　康熙帝满 14 岁的时候亲自执政。这时候，另一个辅政大臣苏克萨哈和鳌拜发生争执。鳌拜怀恨在心，勾结同党诬告苏克萨哈犯了大罪，奏请康熙帝把苏克萨哈处死。康熙帝不肯批准，鳌拜在朝堂上跟康熙帝争了起来，后来竟揎起袖子，拔出拳头，大吵大嚷。康熙帝非常生气，但是一想鳌拜势力不小，只好暂时忍耐，只好由他把苏克萨哈杀了。

　　打那以后，康熙帝决心除掉鳌拜。他派人物色了一批十几岁的贵族子弟担任侍卫，这些少年个个长得健壮有力。康熙帝把他们留在身边，天天练摔跤。

　　鳌拜进宫去常常看到这些少年吵吵嚷嚷在御花园里摔跤，只当是孩子们闹着玩儿，一点儿不在意。

　　有一天，鳌拜接到康熙帝命令，要他单独进宫商量国事。

🔘 康熙帝平定三藩之乱

鳌拜像平常一样大模大样进宫去，刚跨进内宫的门槛，忽然一群少年拥了上来，围住了鳌拜，有的拧胳膊，有的拖大腿。鳌拜虽然是武将出身，力气也大，可是这些少年人多，又都是练过摔跤的，鳌拜敌不过他们，一下子就被打翻在地。任凭他大声叫喊，也没有人搭救他。

鳌拜被抓进大牢，康熙帝马上要大臣调查鳌拜的罪行。大臣们认为，鳌拜专横跋扈，擅杀无辜，罪行累累，应该处死。

康熙帝从宽发落，把鳌拜的官爵革了。

康熙帝用计除掉了鳌拜，朝廷上下都很高兴。一些原来比较骄横的大臣知道这个年轻皇帝的厉害，也不敢在他面前放肆。

康熙帝亲自执政后，大力整顿朝政，奖励生产，惩办贪污，使新建立的清王朝渐渐强盛起来。当时，南明政权虽然已经灭亡，但是南方有三个藩王让康熙帝十分担心。

这三个藩王本来是投降清朝的明军将领，一个是引清兵进关的吴三桂，一个叫尚可喜，一个叫耿精忠。因为他们帮助清朝消灭南明镇压农民军，清王朝认为他们有功，封吴三桂为平西王，驻防云南、贵州；尚可喜为平南王，驻防广东；耿精忠为靖南王，驻防福建，合起来叫作"三藩"。

三藩之中，又数吴三桂最强。吴三桂当上藩王之后，十分骄横，不但掌握地方兵权，还控制财政，自派官吏，不把清朝廷放在眼里。

康熙帝知道要统一政令，三藩是很大的障碍，一定得找机

会削弱他们的势力。正好尚可喜年老，想回辽东老家，他上了一道奏章，要求让他儿子尚之信继承王位，留在广东。康熙帝批准尚可喜告老，但是不让他儿子接替平南王爵位。这样一来，触动了吴三桂、耿精忠的神经，他们想试探一下康熙帝的态度，假惺惺地主动提出撤除藩王爵位、回到北方的请求。

这些奏章送到朝廷，康熙帝召集朝臣商议。许多大臣认为吴三桂他们要求撤藩是假的，如果批准他们的请求，吴三桂一定会造反。

1673 年，吴三桂在云南起兵。为了笼络民心，他脱下清朝王爵的穿戴，换上明朝将军的盔甲，在永历帝的墓前假惺惺地痛哭一番，说是要替明王朝报仇雪恨。但是，人们都记得很清楚，把清兵请进中原来的是吴三桂；最后杀死永历帝的，还是吴三桂。现在他居然打起恢复明朝的旗号来，还能

●云南金殿

欺骗谁呢？

吴三桂在西南一带势力大，一开始，叛军打得很顺利，一直打到湖南。他又派人跟广东的尚之信和福建的耿精忠联系，约他们一起叛变。这两个藩王有吴三桂撑腰也反了，历史上把这件事称作"三藩之乱"。

三藩一乱，整个南方都被叛军占领。康熙帝并没有被他们吓倒，一面调兵遣将，集中兵力讨伐吴三桂；一面停止撤销尚之信、耿精忠的藩王称号，把他们稳住。尚之信、耿精忠一看形势对吴三桂不利，又投降了。

吴三桂开始打了一些胜仗，后来清兵越来越多，越打越强，吴三桂的力量渐渐削弱，处境十分孤立。经过八年战争，他自己知道支撑不下去，连悔带恨，生了一场大病断了气。1681年，清军分三路攻进云南、昆明，吴三桂的孙子吴世璠自杀。清军最后平定了叛乱势力，统一了南方。

历史聚焦 LISHI JUJIAO

鳌拜，清初权臣。出身瓜尔佳氏，生年不可考，满洲镶黄旗人，清朝三代元勋，康熙帝早年辅政大臣之一，以战功封公爵。鳌拜前半生军功赫赫，号称"满洲第一勇士"，后半生则操握权柄、结党营私。康熙在黄锡衮、王弘祚等大臣的支持下，主政于朝，后定下计策，在武英殿擒拿鳌拜。鳌拜被生擒之后，老死于囚牢中，他是影响清初政局的一个重要人物。

中俄《尼布楚条约》

> 为了稳定边疆，康熙帝提出签订边境条约，沙俄统治者知道用武力侵占不了，只好答应谈判，双方在尼布楚签订了中俄《尼布楚条约》。

沙俄是欧洲的国家，原来它与中国经济实力差距很大，但是后来沙皇俄国强大起来之后，便四处扩张，侵略成性，一看到清军入关，忙于南方的战事，对东北一带无暇顾及，便带领沙俄军队入侵黑龙江一带。

沙俄的统治者对黑龙江一带的百姓十分残酷，不仅强迫他们缴纳各种苛捐杂税，而且任意搜刮民财，污辱欺压中国百姓。一些农民忍无可忍，便起来反抗，他们便用武力将农民起义残酷镇压下去，将那些起义的农民活活折磨死。

沙皇侵略者不仅残酷地迫害中国百姓，而且对清廷也提出无理的要求。他们让清朝皇帝向他们称臣，而且每年要进贡 4 万两白银。

康熙帝岂能受沙俄侵略者的屈辱。他对沙俄侵略者侵占东北早已不满，只不过当时没有精力对付他们而已，如今沙俄侵略者得寸进尺，猖狂至极，更使康熙帝忍无可忍。

1682 年，康熙帝到了盛京，拜完祖先之后，便向黑龙江逃来的百姓打听那里的情况。百姓见到康熙帝，眼含热泪说道："罗刹（即沙俄）的侵略者根本不把我们当人看，任意打骂侮辱，而且强占耕地，烧杀抢掠，奸淫妇女，可以说无恶不作。大家都恨透他们了，就盼着朝廷立即出兵赶走这帮野兽！"康熙了解到边境百姓生活的情况，非常内疚，决心回到京城立即派兵，赶走这些可恶的侵略者，让大清臣民过上安定的生活。

康熙帝回到京城之后，召集满朝文武商议此事，大臣们意见一致，都主张赶走沙俄侵略者。郎

○ 康熙

坦说道："陛下，赶走罗刹，我们应深入此地，了解当地的军事地理环境，这样我们才可以有针对性地用兵。"康熙帝认为郎坦说得非常有道理，便说道："朕就派你带领一部分人马，先去了解那里的地理环境。"

郎坦带领几百清军，化装成百姓，混进雅克萨，通过一个多月的侦察，对那里的情况做到心中有数，并绘制了地图。康熙帝通过地图了解到雅克萨一带的地理环境，便派萨布素带领清军驻守在瑷珲一带，修建军事设备，准备一举消灭侵略者。

清木刻本记述康熙时签订《尼布楚条约》

康熙帝为了更方便与东北一带取得联系，又派户部尚书伊桑阿修通水路，扩建陆路。交通方便了，无论走水路，还是走陆路，从北京到东北一带，几天就可以到达。

康熙帝认为时机成熟了。1685年，康熙帝下令攻打雅克萨。沙俄对清军没有防备，开始之时他们得知康熙帝派清军驻守瑷珲，心里很发慌，但清军一直没有出兵，只是修建防备设施，他们以为清军惧怕他们，所以渐渐放松了警惕。两三年过去了，清军依然没有出兵，沙俄侵略者彻底放心了。但他们没有想到，清军会突然出兵。沙俄侵略者惊慌失措，仓促应战，可想而知，他们不是清军的对手，节节后退。沙俄侵略者本想死守雅克萨，但是城中的百姓纷纷起义，反对沙俄的残暴统治，沙俄侵略者前后受敌，只好弃城而逃。清军很快就收回了雅克萨。萨布素按照康熙帝的旨意，进城之后，废除各种苛捐杂税，对那些贫苦的百姓给予适当的救济。康熙帝的措施得到全城百姓的热烈拥护，清军利用闲暇时间，帮助百姓耕种，从不骚扰百姓的生活，清军也受到百姓的一致好评。

康熙帝知道沙俄不会甘心失败，很可能会卷土重回，便命令萨布素做好准备，要让沙俄有来无回。

果然沙俄侵略者在雅克萨被清军打败后，并不甘心，又卷土重来了。而萨布素攻克雅克萨后，不免有些骄傲，放松了警惕，使沙俄偷袭雅克萨取得成功。

康熙帝得知雅克萨失守，非常心痛，又派去几万人马前去援助萨布素，并严令必须重新夺回雅克萨。

萨布素大意失城，非常悔恨，接到命令后，立即带领清军与沙俄侵略者展开一场激战。萨布素这次不敢大意，每次都亲自督战，两军伤亡都很惨重。就在这时，清军的援军来到，沙俄侵略者被打败，清军又重新夺回雅克萨，城里的百姓用各种方式欢庆胜利。萨布素在城中安排重兵，以防备沙俄的再次偷袭。

康熙帝提出签订边境条约，沙俄统治者知道用武力侵占不了，只好答应谈判，双方在尼布楚签订了中俄《尼布楚条

约》。条约在平等的基础上签订，尽管中国两次打败沙俄军队，但没有提出过分的要求，沙俄想从签约中捞到好处，但被中国严词拒绝，面对清朝强大的军队，沙俄只好同意中方的要求。条文中规定：格尔必齐河、外兴安岭和额尔古纳河以东的领土全部归中国所有，中国把尼布楚和它以西直到贝加尔湖的领土让给俄国。

中俄《尼布楚条约》签订后，边境稳定，那里的百姓也过上了安定的生活。沙俄也知道中国军队的厉害，再也不敢轻易侵犯。

历史聚焦 LISHI JUJIAO

俄罗斯帝国（1547年—1917年），简称俄国、帝俄，通称沙俄，国祚共计370年，1917年因二月革命灭亡。1547年，莫斯科公国大公伊凡四世加冕称沙皇，沙皇俄国诞生。1613年，开创罗曼诺夫王朝。1721年，彼得一世与瑞典王国进行北方战争取得胜利，俄罗斯参政院授予俄国沙皇"俄罗斯皇帝"头衔，俄国成为正式意义上的帝国。后领土不断扩张成为全球帝国，长期充当"欧洲宪兵"的角色。是当时欧洲五大帝国（大英帝国、法兰西共和国、德意志帝国、俄罗斯帝国、奥地利帝国）之一。

林则徐虎门销烟

道光初年，禁烟措施仍然无力，一些地方官与英国商人仍相互勾结，欺上瞒下，继续大量销售鸦片。鸦片的进入，给中国人、中国社会带来了无穷的灾难。

林则徐，字元抚，又字少穆，福建侯官人，他出身于福州侯官一个下层知识分子家庭，但他的父亲却对他寄予厚望。据说林则徐出生时，福建巡抚徐嗣曾乘轿从他家门口过，侍卫随从簇拥，十分威风。林则徐的父亲也希望林则徐有一天能够做官，像徐嗣曾那样威风，所以给他取名为"则徐"。

林则徐没有辜负他父亲的厚望，4岁入私塾，他聪明伶俐，13岁便中了秀才，19岁又中了举人，27岁中进士，可谓一路高奏凯歌。林则徐为官清廉，而且办事认真负责，所以很受当地百姓的拥护。

林则徐看到鸦片给中国带来了严重的灾难，人民处于水深火热之中，强烈呼吁禁烟。林则徐给道光帝写了

🌀 林则徐蜡像

一道奏折：鸦片大量入境，白银外流，自本朝十四年至今，每年白银外流 3000 多万两，长此以往，国库空虚，而且军民吸烟成瘾，数十年后几乎没有可以抗击敌人的兵力。一定要严厉禁止鸦片，严厉惩治那些吸食者和勾结英国销售鸦片的官吏。

道光帝看了林则徐的奏章，他知道事关重大，特别是林则徐所说：数十年之后，国家将没有兵力可以抵抗敌人。道光帝为了保住清朝江山，防止大量白银外流，他下定决心，召林则徐进京，任命林则徐为钦差大臣，赐尚方宝剑，可先斩后奏。又特赏黄马褂儿，可在紫禁城骑马，并严厉警告穆彰阿等人，不许纵容、包庇鸦片走私。

林则徐接受旨意，自感责任重大，他知道鸦片不仅关系到白银外流，还关系到国家的安危，所以他下定决心：一定要销毁鸦片，鸦片一日不绝，就一日不回。这位爱国将领在国家危难之际，挺身而出。

1839 年 1 月 8 日，林则徐冒着风雪，从京城出发，直奔广州。

林则徐不仅有爱国之心，而且很有策略。一路之上，就下令捉拿重要烟贩。

两广总督邓廷桢和广东水师提督关天培知道光帝派钦差大臣林则徐来禁烟，非常高兴。他们对林则徐非常敬佩，知道他为官清廉，而且忧国忧民。邓廷桢和关天培看到鸦片泛滥成灾，也是痛心疾首，他们想方设法捉拿走私鸦片者，但效果不大，因为这些人在朝中有要臣包庇。

林则徐也非常尊敬邓廷桢、关天培，知道他二人忠贞不贰，而且也主张禁烟。林则徐刚

○ 虎门炮台

一到，邓廷桢和关天培就率领文武百官前来迎接。三人来到总督府，商议如何打击走私鸦片者。

三人后来达成一致意见：先捉拿重大走私鸦片者，严惩官员中的包庇、纵容者，再向外发布公告，严格禁止吸食鸦片。

林则徐到广州不久，就了解到这里有一个罪大恶极的走私者，他就是三品道员伍绍荣。他原是个买办，后来走私鸦片发了横财。那时候政治腐败，有钱可以买官做，伍绍荣买了个三品官，而且在朝中也拍了一些要臣的马屁，所以他一方面横征暴敛，另一方面更加肆无忌惮地走私鸦片。

林则徐以钦差大臣的身份前来禁烟，这个家伙心里有些发慌，但又一想：我朝中有人，他敢奈我何！但他没有想到，林则徐"壁立千仞，无欲则刚"，根本不畏权贵，了解情况后，立即命人将其捉拿归案。

伍绍荣一看林则徐天不怕，地不怕，当时就傻了，把自己替英国包销的1万多箱鸦片交了出来。林则徐知道伍绍荣

323

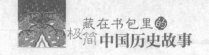

作恶多端，下令将其斩首。

伍绍荣一死，其他的官吏都吓得惊慌失措。林则徐又派人抓来20多个走私鸦片、包庇奸商的污吏，这些人被抓之后，都如实交代了自己的罪行。林则徐心想：为了稳定军心、民心，不能都杀了，杀一个伍绍荣，就足可以警告他们了。于是，林则徐说道："我可以暂免你们一死，但是你们要将功补过，首先要保证以后绝不走私鸦片，同时要配合本大人开展禁烟活动。这两点有一点做不到，定斩不饶！"这些人都跪地称谢。林则徐杀一儆百，官吏一下都被镇住了，都知道这位钦差大人铁面无私，都开始有所收敛或金盆洗手。

林则徐、邓廷桢、关天培采取果断措施，刹住了不良官风，但是英国走私商还十分猖獗，他们决定整治这些英商。林则徐通告英商：三天之内，务必将鸦片全部交出。

英商虽然都提心吊胆，但他们存在一丝侥幸心理，以为有义律为他们撑腰，可以不交出鸦片。

义律是英国驻中国的商务监督，他想方设法袒护英国商人从事鸦片生意。义律与当地一些官员相互勾结，在广州一带为所欲为。林则徐到广州之后，官员被镇压，义律一看失去了靠山，便想办法去对付这位钦差大臣。先是贿赂，林则徐根本不吃他那一套；又用美人计，林则徐不动心；又派人暗杀，但林则徐毫不畏惧。

烟商一看林则徐软硬不吃，只好纷纷交出鸦片。但是狡猾的商人想蒙骗林则徐，他们手中有2万多箱鸦片，却只交出了 1037 箱鸦片。林则徐早就了解到实际情况，当然不会放过这些烟商，而这时义律又赶到商馆，告诉烟商不要交出鸦片。

林则徐得知情况后，立即带领清军围攻了商馆，并对商馆断粮、断水。义律等人坚持不住，企图夜里逃跑，但林则徐早料到了他这一手，派兵将其截回。义律等人没有办法，只好乖乖地交出 2 万多箱鸦片。禁烟运动取得第一回合胜利。广州人民拍手称好，全国也为之喝彩。

林则徐看着堆积如山的鸦片，心中十分高兴，他想：我没有辜负皇上对我的厚望，也对得起天下百姓对我的拥护，还可以杀一杀英商的锐气。

林则徐、邓廷桢、关天培联合上奏，道光帝得知英商已经交出鸦片，非常高兴，他想：我说外夷没什么难对付的，我大清朝乃天朝上国。道光帝立刻下令：就地销毁，以扬我国威！

林则徐接到圣旨，立即着手销毁这批鸦片。为了使更多的人受到教育，林则徐命人在大街小巷贴满布告：皇上命钦差大臣林则徐于 4 月 22 日在虎门烧毁鸦片，令沿海居民外商前来观看。

布告一贴出，人们议论纷纷，有的称赞道光是一位好皇帝，有的称赞林则徐是一个铁面无私的好官。当然也有一些极个别的想从鸦片中捞到好处的人不愿意看到这一幕的发生，但他们阻止不了林则徐禁烟的决心和意志。

林则徐和邓廷桢商议怎么销毁这批鸦片，邓廷桢说："我

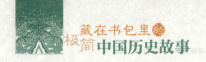

们可以放火焚烧，然后再放入大海之中。"林则徐说道："这种方法，以前我在湖广任总督时，也使用过，但是有的鸦片会渗到地下，一些鸦片贩子等到焚烧完毕，再到那里挖出泥土，然后再煎熬一次，还可以提取出鸦片。"邓廷桢说道："我们不如去问一问当地的百姓，他们一定知道如何彻底销毁鸦片。"林则徐觉得这是一个好办法，便派人去走访当地的老百姓。

老百姓得知是官府想彻底销毁鸦片，都非常支持，都献计献策。后来这些人根据老百姓提供的方法，总结出一个好办法"煮化法"。这种方法是先将鸦片和石灰、盐放在一起煎熬，鸦片经过加热后，与石灰、盐水相结合，就变成渣沫，这样就没法再提取了。

1839年6月3日，虎门彩旗飘扬，锣鼓震天，无数老百姓都前来参观。林则徐早已派人挖好了长宽各15丈的两个大

◎ 林则徐销烟现场绘画

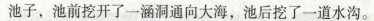
池子，池前挖开了一涵洞通向大海，池后挖了一道水沟。

林则徐下令：开始销烟！霎时间，士兵们将鸦片都倒入大池中，把石灰和海盐也都倒了进去，然后从池后的水沟把海水引入池中。由于池中有石灰，立刻气泡翻滚，浓烟冲天。鸦片渐渐地与石灰相结合，变成了渣沫，人们打开涵洞，池里腐蚀的鸦片浆流入了大海。这次销烟持续了 23 天，共销毁200 多万千克鸦片。

林则徐虎门销烟，显示中华民族是不可欺辱的，同时也打击了鸦片贩子的嚣张气焰，令那些想侵占我中华的帝国主义者心惊胆战！

历史聚焦 LISHI JUJIAO

林则徐 8 岁时正月十五那天，他跑去对父亲说："爹，我想看今晚的灯会。"林则徐的父亲说："你爱看灯，想出去开开眼界，这是好事，但是你这些天太贪玩，功课都耽误了。""没有。我学得很好呢。"林则徐急忙说道。"那好，我就考考你，如果你能对上我出的对子，我就带你去。"林则徐看灯心切，一口答应："爹，您说吧。"父亲抬头想了想，正好看到林则徐的奶奶和母亲正在梳头准备去观灯，便出了一句上联："婆媳中青双有髻。"林则徐听罢父亲的上联，仔细观察四周，看见爷爷正抱着幼小的弟弟，便灵机一动，连忙对上："公孙老幼两无牙。"

中日甲午战争

中国对日本宣战，乐坏了日本帝国主义侵略者，因为他们看到用不了多长时间便可以占领朝鲜，他们下一个目标就是侵占中国，正苦于没有借口，一听说清政府宣战，日本也立即宣战，中日战争开始了。由于这一年是"甲午年"，所以历史上称这次战争为中日甲午战争。

1894 年，朝鲜全罗道发生东学党领导的农民起义，声势浩大，威胁到了朝鲜国王的统治。朝鲜国王忙派人去镇压，但是东学党的农民义军非常英勇，把朝鲜官军打得节节败退。朝鲜国王非常焦急，有一位大臣说道："国王，中国与我是友邦，我们让他们出兵援助，他们一定会答应的，到时候我们里应外合，不就可以剿灭反贼了吗？"朝鲜国王没有别的办法，只好派使臣来清政府请求出兵援助。

清政府得知消息后，有许多大臣认为：朝鲜与中国是友邦，如今他们有危险，我们应立即出兵援助。东学党领导的农民起义如果声势太大，还会影响我国的农民，如果他们再造反，后果不堪设想。于是清政府下定决心，准备派兵支援朝鲜。太原总兵聂士成和直隶提督叶志超带领 4000 清军乘坐济远和威远两艘军舰前去支援。

日本得知中国派兵进驻朝鲜，心里很不是滋味。日本经过明治维新后，走上了资本主义道路，经济迅速发展，从而想进一步扩大资本市场。日本那时还不是十分强大，所以把目标瞄准了邻邦朝鲜和中国。日本想直接侵占中国，但怕遭受失败，所以一直没有动兵，便想以朝鲜为跳板，从而进犯中国。日本人看到法国战胜了越军，后来被清政府打败了，但是中国却以胜议和，这极大地诱发了日本帝国主义侵略的野心，他认为中国的确很好对付。

日本帝国主义侵略者注视着朝鲜的一举一动，他看到朝鲜爆发了农民起义，便准备好了军队，但是没有理由。后来他发现中国出兵援助，也想出兵，但仍是没有理由。可是日本帝国主义侵略者又不甘心白白错过这次大好的机会，便以"保护使馆"为借口，悍然派出大队人马，直奔朝鲜。

日本帝国主义侵略者为了达到强占朝鲜的目的，便想把中国的军队赶出朝鲜。

日本帝国主义侵略者攻占了仁川、汉城等地，还劫持了朝鲜国王，威胁他，让他立即下令驱逐牙山的清军。朝鲜国王看出了日本人的目的，但是没有办法，只好下令。驻守在牙山的清军得到命令后，知道如果不撤军，朝鲜国王就有生命危险，便答应日本立即撤军。

1894 年 7 月 25 日，驻扎在牙

◎ 威海刘公岛的甲午战争博物馆

山的清军乘军舰返
航。日本侵略者认
为这是给清政府一
个"下马威"的良
机，便派出军舰偷
袭中国舰队，双方
在丰岛海面展开了
一场激战。日本虽

◉ 中国甲午战争博物馆大门

然船坚炮利，但是由于清政府官兵奋起反抗，日本帝国主义
侵略者伤亡惨重。

　　日本偷袭中国舰队没有得逞，又带领1万多军队围攻城欢。这
里是由中国军队将领聂士成镇守的，他带领清军与日本人展开了激
战。但是胆小如鼠、贪生怕死的主帅叶志超却弃城而逃，留下聂士
成孤军奋战。聂士成死守城欢，久久不见援兵，只好退守平壤。

　　日本占领了牙山、城欢后，气焰更加嚣张，扬言要将中
国官兵赶出朝鲜。清政府本不想与日本为敌，虽然已经知道
日本人在丰岛偷袭中国舰队，但是"宽宏大度"的清政府不
想与他们斤斤计较，日本人得寸进尺，扬言要驱逐清军出朝鲜。
这种厚颜无耻的行为激怒了中国人民，清政府为了挽回自己
的尊严，不得不对日本宣战。

　　日本一看中国官兵退守平壤，立即向平壤发动了总攻，
主帅叶志超对总兵左宝贵说："日本大炮十分厉害，我在牙山、
城欢与他们交过手，虽然苦苦相战，但还不是他们的对手，

为了朝鲜，我们何必与日本人为敌，不如弃城而走，日本的目的就是想占领朝鲜，即使他与我国宣战了，也不会再举兵侵犯我国的，我看我们可以撤兵了。"

左宝贵一听，心里十分生气，但是叶志超是主帅，所以只好劝道："大帅，我们作为臣子的，奉命而来，没有旨意，即使战死在疆场上，也绝不能后退一步。日本人目的很明显，他们想侵占我们的领土，为了国家的尊严，我们即使战死，也无怨无悔，我们总不能让别人耻笑我们，总不能让别人骂我们是败类吧！"

叶志超一听左宝贵的话，知道他"顽固不化"，便说道："我可不愿意把命丢在朝鲜，既然总兵大人不想走，那你就带领你的人马在这里为朝鲜人卖命吧！"

左宝贵对叶志超这种无耻的行为非常气愤，大声说道："您身为朝廷命官，身为大军统帅，您要一撤军，必然会使军心大乱，我们还怎么战斗呢？无论如何，您绝对不能走！"

叶志超也生气了，说道："我是主帅，我有权力，想撤就撤！"

左宝贵道："大帅，我宁愿与日本人战完之后，把首级奉献给你，也绝不允许您后退！"左宝贵派人监视着叶志超，怕他弃城而逃。

日本侵略者从四面围攻平壤，左宝贵把守城北玄武门。日本用大炮猛轰城楼，左宝贵亲自登上城墙，指挥战斗，清兵士气高涨，用毛瑟连发枪、格林连射炮与日军展开了激战。日军久攻不下，而且损伤惨重，气得日本军司令直骂手下的将军，并重新调集重兵，继续攻打玄武门。左宝贵临危不畏，从容自若，指挥着清军与日军交战。正在左宝贵指挥之时，一颗子弹打中了左宝贵的腹部，鲜血直流，左宝贵强忍疼痛，只是简单包扎一下，鲜血还在淌，但他继续指挥战斗，官兵被左宝贵的精神深深感动，都抱着与日军同归于尽的想法，把生死早已置之度外。

日军总司令正在奇怪，为什么如此猛的火力也攻不下玄武门呢，他仔细看了一下城墙，发现有一个人正在指挥战斗。他让所有的火力都瞄准这个人，这个人不是别人，正是清军总兵左宝贵。左宝贵突然身中数弹，直到最后倒地，口里还喊出了一句："杀呀！"

左宝贵壮烈牺牲，清军虽然奋起反抗，但还是被日军攻下了玄武门。

平壤之战，长了日本人的气焰，他们开始调兵遣将，准备进攻中国。

历史聚焦 LISHI JUJIAO

玄武门失守后，叶志超立即召集人马，他说道："玄武门已失守，我们不能在城中等死，现在我们只有突围出城，才是活路一条！"叶志超带领清军，不顾众将领的劝阻，突围出城。日军很轻易地占领了平壤。但日本人并没有停战，而是派人追杀清军，半路之上又埋伏了日军，清军腹背受敌，损失惨重。叶志超带领着残兵败将，带着耻辱，逃回了中国国境。

民国时期

　　"中华民国"（公元 1912 年—1949 年），是从清朝灭亡至中华人民共和国成立期间的国家名称和年号。由中国国民党在南京建立的政权，简称民国。

"中华民国"成立

1912年1月1日,南京临时政府成立。孙中山就任临时大总统,定国号为"中华民国"。

当武昌起义获得全国响应时,清王朝注定失败,革命派开始筹建临时政府。但是,由于南方独立各省在鄂或沪建立政府上争执不休,临时政府迟迟不能建立。南京光复后,独立各省开始决定将临时政府设在南京,决定暂不选举临时大总统,虚位以待袁世凯,设大元帅暂且代理其职权。但是在大元帅人选上又争执不下,形成僵局。时孙中山返回祖国,抵达上海。1911年12月20日,17省代表会议在南京再度召开,决定成立临时政府,以16票的绝对优势选举孙中山为"中华民国"第一任临时大总统。

临时大总统府设在南京城内旧两江总督衙门内。当晚11时,举行孙中山大总统受任典礼。孙中山宣读誓词,同时发布《临时大总统宣言书》和《告全国同胞书》。宣言毕,即接受大总统印,并由秘书长将其盖于宣言等文件上。之后,孙

○ 孙中山

中山下令定国号为"中华民国",同时改用公历。2日,孙中山通电各省改历,并以1912年1月1日作为"中华民国"建元的开始。1912年1月3日,代表团依临时政府组织大纲举行副总统选举会,黎元洪以17票当选。

新成立的南京临时政府是按照西方资产阶级民主政府三权分立的精神建立起来的。大总统代表临时政府总揽政务。总统府秘书长为胡汉民。掌握政府实权的是以孙中山、黄兴为首的一批同盟会员。同时,各省代表会议改组扩充为临时参议院,行使立法权,推举同盟会员林森为议长。临时政府成立之后,颁布了不少除旧布新的法令。临时参议院通过的具有宪法效力的《中华民国临时约法》,规定了资产阶级民主自由的一般原则,使共和国的方案具体化和法律化。南京临时政府的主要成员及其所推行的政策,说明它是一个资产阶级性质的政府。它的成立结束了延续2000多年的封建君主制,具有划时代的意义。

历史聚焦 LISHI JUJIAO

民国创立之初,就以孙中山提出的"三民主义"为基本纲领,三民主义即民族主义、民权主义和民生主义。三民主义的提出对民主革命发挥了十分重要的指导意义,是清末民初中国人民的精神力量,但是三民主义在当时也有其不可避免的时代局限性。

中国共产党成立

"五四运动"后，宣传各种新思潮的各种社团和刊物，如雨后春笋一般涌现。马克思主义开始在中国广泛传播，一批具有初步共产主义思想的知识分子于1920年先后在各地组成共产主义小组。

1921 年 7 月，在共产国际的帮助下，各小组代表在上海召开了中国共产党成立大会。

1921 年 7 月 23 日晚 8 时，中国共产党第一次全国代表大会在上海租界贝勒路树德里 3 号开幕。出席会议的有国内各地和旅日共产主义小组的代表 12 人，他们是：毛泽东、何叔衡、董必武、陈潭秋、王尽美、邓恩铭、李达、李汉俊、张国焘、刘仁静、陈公博、周佛海，参加会议的还有陈独秀指派的代表包惠僧。共产国际代表马林（荷兰人）、尼科尔斯基（俄国人）也出席了会议。会议原定由陈独秀主持，因陈未能出席，遂推举张国焘主持会议，毛泽东与周佛海任记录。

7 月 30 日，一个法租界的侦探闯进会场，环视一周后说"我找错了地方"，便匆匆退出。代表们迅速离开会场。十几分钟后，法租界巡捕包围了会场，结果扑了空。会议被迫中止。当晚代表们决定：大会转移到浙江嘉兴南湖的一艘游船上继续举行。陈公博和共产国际代表马林、尼科尔斯基等没有参加南湖会议。

大会通过了中国共产党第一个纲领。大会还通过了中国共产党的第一个决议《关于当前实际工作的决议》。决议确定党成立后的中心任务是加强对工人运动的领导，组织工人阶级，大力发展工会组织，引导工人运动向着党所指引的正确方向发展。决议最后规定，中央委员会应定期向第三国际报告工作。

大会于 7 月 31 日下午闭幕。

大会选举产生了党的领导机关——中央局，推选陈独秀为中央局书记，张国焘为组织主任，李达为宣传主任。中国共产党宣告正式成立。

 历史聚焦 LISHI JUJIAO

1920 年 8 月，陈独秀在上海发起成立了中国共产党的第一个早期组织。1920 年 9 月 1 日，陈独秀在《新青年》发表的《对于时局之我见》一文中，曾称"吾党"为"社会党"，后来才改称为"共产党"。

黄埔军校建立

1924 年 5 月，孙中山在苏联和中国共产党的帮助下建立了"中国国民党陆军军官学校"。因其校址设在广州的黄埔岛上，也称"黄埔军官学校"，简称"黄埔军校"。

1924 年 6 月 16 日黄埔军校开学，1926 年 1 月更名为"中央军事政治学校"，国共两党均派有重要干部到校任职。孙中山任学校总理，蒋介石任校长，廖仲恺为党代表。在校本部下设政治部、教授部、教练部、管理部等。学生组织设总队，下设分队。周恩来、熊雄曾任政治部主任，叶剑英曾任教授部副主任。恽代英、张秋人、萧楚女、聂荣臻等均曾担任负责工作。孙中山亲自制定了"精诚团结"的校训。

黄埔军校自创建至 1927 年 4 月共举办四期，毕业学员 4981 人，培养了一支保卫广州革命政权和进行北伐战争的骨干力量，其中不少人成为中国共产党领导的军事力量的领导骨干。第一期 1924 年 5 月 9 日至 11 月 30 日，主要学习陆军术科，包括步兵操典，射击教范，战术、兵器、交通、筑城等四大教程及战术作业等。第二期 1924 年 8 月至 1925 年 5 月，开始分步兵、炮兵、工兵、辎重、宪兵五科。第三期 1925 年 7 月至 1926 年 1 月。第四期 1926 年 2 月至 10 月，为提高学生水平，本期规定招收年龄在 18 岁以上 24 岁以下的高中毕业生，成立入伍生团，经训练后分别编入步兵军官团、步兵军官预备团及炮兵科、工兵科、政治科、经理科。此外，1925年6月，为培养部队党代表及政治干部，新设政治训练班负责培训各部队所送之下级干部，并设军官政治研究班。1926年2月，又设宪兵教练所，3月增设军医补习所。北伐战争开始后为适应战争之需要，1926年11月，于军事科、无线电科、军用化学科等增设高级班，还专为孙传芳、吴佩孚所属投诚部队设置军官政治训练班。另外，黄埔军校附有两个教导团和潮州、武汉、长沙、南昌、洛阳五个分校。

　　黄埔军校虽然学制较短，但教学颇具特色，实行政治与业务、学科与术科并重的原则。学校除设政治课外，还颁行有"革命军格言""士兵日课问答练习"等以进行政治思想

● 黄埔军校旧址

教育。此外还对学员进行群众纪律教育，教唱"爱民歌"。学员除学习军事科目外还积极参加实际战斗，如第二期学员参加了讨伐陈炯明叛变的"东征"战斗，为保卫广东革命政权、稳固北伐后方做出了贡献。黄埔军校是当时著名的革命军事学校，不仅学员积极参加了"五卅""沙基"和收回教育权等政治运动，而且毛泽东、鲁迅等许多知名人士曾亲临学校讲演。学校还出版有"黄埔小丛书"、《黄埔日刊》《青年军人》《中国军人》《革命画刊》《黄埔生活》等，并组织有"血花剧社"和"俱乐部"。1927 年 4 月 12 日蒋介石背叛革命后，国民党反动派在学校组织了清党运动，逮捕屠杀共产党人，至此军校的性质发生了根本性的变化。不久更名为"中央陆军军官学校"，并成为蒋介石破坏国共合作、反对民主革命的工具。

历史聚焦 LISHI JUJIAO

　　黄埔军校，全名为"中华民国"陆军军官学校，是近代中国最著名的一所军事学校，培养了许多在抗日战争和国共内战中闻名的指挥官。第一次国共合作时期的一至六期，原址设于中国大陆广东省广州市黄埔区长洲岛（第六期有武汉分校），军校在 1924 年由中国国民党创立，目的是为国民革命训练军官，是国民政府北伐战争统一中国的主要军力。黄埔军校于 1927 年改制为中央陆军军官学校，1946 年再改制为陆军军官学校，并于国民政府迁台时迁至中国台湾高雄凤山。

南京大屠杀

抗日战争期间，"中华民国"在南京保卫战中失利，首都南京沦陷，日军在南京及附近地区进行长达四十多天的大规模屠杀，死亡人数超过30余万。南京大屠杀是侵华日军公然违反国际条约和人类基本道德准则，是日军在侵华战争期间无数暴行中最惨无人道的。

　　国民党在南京保卫战中失利，首都南京于1937年12月13日沦陷，日军在南京及附近地区进行长达四十多天的大规模屠杀。

　　占领南京之后的日军，奸杀烧掠、无恶不作，对南京数十万市民进行了数次大规模的集体屠杀。其中12月18日，南京就遭受了屠城之灾。日军将被囚禁在幕府山的男女老幼共计57418人，全部用铅丝捆扎，驱逐到下关草鞋峡，用机枪密集扫射。看着这些平民百姓成片成片地倒下，日军竟然开怀大笑。随后，他们又刀砍剑刺倒在血泊中奄奄一息的人，手段极其残忍，没有半点儿人性！

　　南京城的大街小巷，到处都能看到日本侵略者肆意杀害中国人的惨烈场景。平民与士兵，甚至手无缚鸡之力的老人与小

　● 南京大屠杀纪念馆

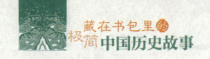

孩儿都是他们行凶的对象。其手段令人发指,枪杀、刀刺、活埋、水淹,到处都是中国人的尸体,甚至于有的巷子口尸体堆到了屋檐那么高,鲜血流成河,南京昔日清澈的莫愁湖顿时变成了血水湖。

中华民族在经历这场血泪劫难的同时,中国文化珍品也遭到了大掠夺,还有的被放火烧掉或者损毁,侵略者的兽性和野蛮程度真是人神共愤。

日军在短短几天中,杀害了30多万的中国同胞!

这个数字是日军在侵华战争期间无数暴行中最惨无人道,是人类历史上最可耻的一页,是中国人民世代都不会遗忘的历史痂痕。

历史聚焦 LISHI JUJIAO

南京大屠杀纪念馆,全称侵华日军南京大屠杀遇难同胞纪念馆,位于于南京市建邺区水西门大街418号。该纪念馆是中国首批国家一级博物馆,首批全国爱国主义教育示范基地。南京大屠杀纪念馆是为了铭记侵华日军在南京制造了惨无人道的南京大屠杀而筹建,建筑面积115000平方米,馆藏文物史料20余万件,于1985年8月15日建成并对外开放。2016年9月,侵华日军南京大屠杀遇难同胞纪念馆入选"首批中国20世纪建筑遗产"名录。